I0567627

BESTACTIVITYBOOKS.COM

PRIMA EDIZIONE 2022

Illustrazione Grafica Extra: www.freepik.com
Grazie a Alekksall, Starline, Pch.vector, Rawpixel.com, Vectorpocket, Dgim-studio, Upklyak, Macrovector, Stockgiu, Pikisuperstar & Freepik.com Designers

Scoprire i Giochi Gratuiti Online

Disponibile Qui:

BestActivityBooks.com/FREEGAMES

5 CONSIGLI PER INIZIARE

1) COME RISOLVERE LE PAROLE INTRECCIATTE

I puzzle hanno un formato classico:

- Le parole sono nascoste senza spazi o trattini,...
- Orientamento: Le parole possono essere scritte in avanti, indietro, verso l'alto, verso il basso o in diagonale (possono essere invertite).
- Le parole possono sovrapporsi o intersecarsi.

2) APPRENDIMENTO ATTIVO

Accanto ad ogni parola c'è uno spazio per scrivere la traduzione. Per incoraggiare l'apprendimento attivo, un **DIZIONARIO** alla fine di questa edizione vi permetterà di controllare e ampliare le vostre conoscenze. Cerca e scrivi le traduzioni, trovale nel puzzle e aggiungile al tuo vocabolario!

3) SEGNARE LE PAROLE

Puoi inventare il tuo sistema di segni. Forse ne usi già uno? Per esempio, puoi segnare le parole difficili da trovare con una croce, le parole preferite con una stella, le parole nuove con un triangolo, le parole rare con un diamante, e così via.

4) STRUTTURARE L'APPRENDIMENTO

Questa edizione offre un **TACCUINO** alla fine del libro. In vacanza, in viaggio o a casa, puoi organizzare facilmente le tue nuove conoscenze senza bisogno di un secondo quaderno!

5) AVETE FINITO TUTTE LE GRIGLIE?

Nelle ultime pagine di questo libro, nella sezione della **SFIDA FINALE**, troverete un gioco gratuito!

Facile e veloce! Dai un'occhiata alla nostra collezione di libri di attività per il tuo prossimo momento di divertimento e **apprendimento,** a portata di clic!

Trova la tua prossima sfida su:

BestActivityBooks.com/MioProssimoLibro

Ai vostri posti, pronti...Via!

Sapevi che ci sono circa 7.000 lingue diverse nel mondo? Le parole sono preziose.

Amiamo le lingue e abbiamo lavorato duramente per creare libri di altissima qualità. I nostri ingredienti?

Una selezione di argomenti adatti all'apprendimento, tre buone porzioni di intrattenimento, una cucchiaiata di parole difficili e una spolverata di parole rare. Li serviamo con amore e entusiasmo in modo che tu possa risolvere i migliori giochi di parole e divertirti imparando!

La vostra opinione è essenziale. Puoi partecipare attivamente al successo di questo libro lasciandoci un commento. Ci piacerebbe sapere cosa ti è piaciuto di più di questa edizione.

Ecco un link veloce alla pagina dell'ordine:

BestBooksActivity.com/Recensione50

Grazie per il vostro aiuto e buon divertimento!

Tutta la squadra

1 - Salute e Benessere #2

В	И	Т	А	М	И	Н	А	С	Щ	К	Е	Ь	Б	Е	К
Ь	Ч	Ц	К	Г	Ъ	Ъ	О	Ш	Ж	Д	Н	Р	К	М	Ц
Я	И	У	У	У	Ц	А	Б	В	У	М	Е	Ъ	А	Т	В
Й	С	У	Ц	Д	Н	Д	Т	М	В	Ъ	Р	К	Л	Ю	Д
Л	Ш	И	Ц	Ц	Ю	А	Щ	Д	Ю	В	Г	А	О	Я	Ъ
Щ	А	Ф	И	О	Х	К	Ю	Н	Е	Л	И	Й	Р	В	Е
Г	Р	Т	Ц	М	Й	И	Ж	У	Й	У	Я	Х	И	Й	Я
Х	Б	О	Л	Е	С	Т	Д	Й	Ж	И	Ъ	Р	Я	Ъ	И
Ь	И	Ц	Л	А	Т	Е	И	Д	О	А	Ж	А	С	А	М
И	Л	Г	А	М	П	Н	Л	Е	Г	Л	Д	Н	Х	Ц	О
Т	М	Я	И	Ц	К	Е	Ф	Н	И	Е	Г	А	Х	Т	Т
З	Я	Я	Р	Е	Ч	Г	Т	П	П	Р	И	Е	Ф	Я	А
Д	Б	Ш	Ч	В	Н	П	Й	И	Н	Г	Я	Ш	Т	Л	Н
Р	Ж	Л	А	Е	Л	А	Ф	Ю	Т	И	Х	Щ	К	О	А
А	Ц	И	Н	Л	О	Б	Л	Ж	Ч	Я	А	Р	Ф	Н	Ц
В	Т	Щ	А	Ю	Л	Д	Е	Х	И	Д	Р	А	Ц	И	Я

АЛЕРГИЯ
АНАТОМИЯ
АПЕТИТ
КАЛОРИЯ
ТЯЛО
ДИЕТА
ДЕХИДРАЦИЯ
ЕНЕРГИЯ
ГЕНЕТИКА
ХИГИЕНА
ИНФЕКЦИЯ
БОЛЕСТ
МАСАЖ
ХРАНА
БОЛНИЦА
ТЕГЛО
КРЪВ
ЗДРАВ
ВИТАМИН

2 - Aggettivi #2

У	О	В	П	Р	О	Д	У	К	Т	И	В	Н	И	Б	П
Й	О	Т	Ъ	Ъ	К	Д	Р	А	М	А	Т	И	Ч	Е	Н
И	Й	Н	Г	Т	Ж	У	Д	Л	В	И	Р	Ф	Ц	Р	А
А	П	Т	Ъ	О	Щ	В	Е	О	Д	З	Н	О	В	У	Г
З	Д	Р	А	В	В	М	Д	В	Щ	В	А	Й	Д	Б	Н
С	Л	А	Д	Ъ	К	О	Ч	Г	Ч	Е	В	Г	С	Д	В
С	И	Л	Е	Н	Ъ	Ж	Р	Л	Н	С	Т	Б	О	У	А
П	Р	И	Р	О	Д	Е	Н	Е	Е	Т	Е	Х	Т	Р	Х
И	Н	Т	Е	Р	Е	С	Н	О	Н	Е	Н	С	Н	Д	Д
Т	В	О	Р	Ч	Е	С	К	И	Е	Н	Т	Ш	Ш	И	Л
С	К	Е	Г	Ч	Г	У	С	М	Д	У	И	Ц	Р	С	Р
Л	Е	Ч	И	С	Т	У	О	П	А	Ц	Ч	Ь	О	Д	Ю
Я	Я	В	Я	Й	Ч	Ц	Л	Щ	Л	К	Е	О	С	А	Л
О	Ж	Б	Ш	Ш	Е	М	Е	Г	Г	Д	Н	Е	Ш	Г	Ц
Н	И	В	Ъ	Ш	Т	Б	Н	Е	Л	А	М	Р	О	Н	К
Ж	Я	Ж	Ъ	Е	Л	Е	Г	А	Н	Т	Е	Н	П	Х	Ж

ГЛАДЕН
СУХ
АВТЕНТИЧЕН
ТВОРЧЕСКИ
СЛАДЪК
ДРАМАТИЧЕН
ЕЛЕГАНТЕН
ИЗВЕСТЕН
СИЛЕН
ИНТЕРЕСНО

ПРИРОДЕН
НОРМАЛЕН
НОВ
ГОРД
ПРОДУКТИВНИ
ЧИСТ
ОТГОВОРЕН
СОЛЕН
ЗДРАВ

3 - Ingegneria

Л	Ъ	Г	Ъ	И	З	Ч	И	С	Л	Е	Н	И	Е	Т	Р
Е	О	Н	Щ	Х	Б	П	К	Ь	У	В	Щ	Т	Г	Е	А
Т	В	С	И	Р	Г	Ф	О	О	С	У	Ф	Ш	Л	Ч	З
А	Т	Д	Т	Д	Д	Ъ	Л	Б	О	Ч	И	Н	А	Н	П
Г	С	И	С	О	Ц	М	А	Ш	И	Н	А	Х	Н	О	Р
И	Л	А	О	С	В	А	Р	У	Т	К	У	Р	Т	С	Е
В	Е	М	Н	И	А	Е	Е	О	Й	Д	К	Щ	Б	Т	Д
Д	Т	Е	Л	Л	Ч	Е	Н	А	В	Р	Е	М	З	И	Е
Г	И	Т	И	А	О	С	А	М	А	Р	Г	А	И	Д	Л
Ж	О	Ъ	Б	Т	К	П	В	Ъ	Р	Т	Е	Н	Е	Щ	Е
Ж	Р	Р	А	Ю	Й	Ь	Ж	Д	Г	И	Ж	В	Г	К	Н
Т	Т	Б	Т	Л	Б	К	И	К	И	Х	Д	А	О	А	И
Ц	С	Б	С	Х	Ю	А	В	Ф	Л	З	Ь	Д	Ю	Щ	Е
Е	Н	Е	Р	Г	И	Я	Д	Ш	Ч	Е	Е	Х	Ц	Д	О
Р	И	Ч	Ж	Ш	Ч	В	А	Ъ	Д	Я	С	Л	Х	С	Ж
С	И	С	П	Т	Д	Ю	З	Л	Й	В	И	М	Ъ	Ф	Ч

ЪГЪЛ
ОС
ИЗЧИСЛЕНИЕ
СТРОИТЕЛСТВО
ДИАГРАМА
ДИАМЕТЪР
ДИЗЕЛ
РАЗПРЕДЕЛЕНИЕ
ЕНЕРГИЯ
СИЛА
ЛОСТОВЕ
ТЕЧНОСТ
МАШИНА
ИЗМЕРВАНЕ
ДВИГАТЕЛ
ДЪЛБОЧИНА
ЗАДВИЖВАНЕ
ВЪРТЕНЕ
СТАБИЛНОСТ
СТРУКТУРА

4 - Archeologia

Н	Ц	К	Ъ	М	О	Т	О	П	В	Е	С	Щ	Н	Н	Ю
Р	П	Г	Й	А	И	Р	Е	Л	И	К	В	А	Х	Е	О
Й	В	Т	Р	Р	О	С	Е	Ф	О	Р	П	К	О	И	Т
М	И	С	А	Х	Р	О	Т	Р	Е	П	С	К	Е	З	Б
Д	И	О	Е	Р	А	Б	Щ	Е	Ц	Б	Ж	Н	Ц	В	О
Р	И	Н	Е	Д	Й	Е	Б	О	Р	Г	О	О	И	Е	Р
Е	А	В	Е	У	Ь	К	Ж	Л	Н	И	Т	Ь	В	С	Щ
В	Е	Е	Ч	Р	С	Т	И	О	Л	К	Я	К	И	Т	Д
Е	У	Р	Ю	А	А	И	А	К	Н	Е	Ц	О	Л	Е	О
Н	П	Д	У	Т	Д	Л	Й	Ъ	Й	Я	Е	С	И	Н	Щ
З	А	Б	Р	А	В	Е	Н	А	И	Т	К	Т	З	А	Ц
С	Л	Е	Т	А	В	О	Д	Е	Л	С	З	И	А	Н	Н
Ю	Ш	О	Щ	Г	Ц	И	Й	П	С	Ц	Р	Н	Ц	А	Д
М	Н	Л	Ь	О	Д	Ф	Ж	Ц	Ч	О	Р	Х	И	Л	Н
И	Ь	О	Б	Р	Н	Е	Х	Ч	Ц	Ж	Ф	Ъ	Я	И	Н
В	Х	Ж	Б	И	Е	Б	К	Ц	Ъ	Г	О	П	Т	З	К

АНАЛИЗ
ДРЕВНОСТ
ДРЕВЕН
ЦИВИЛИЗАЦИЯ
ЗАБРАВЕНА
ПОТОМЪК
ЕРА
ЕКСПЕРТ
МИНЕРАЛ
МИСТЕРИЯ
ОБЕКТИ
КОСТИ
ПРОФЕСОР
РЕЛИКВА
ИЗСЛЕДОВАТЕЛ
НЕИЗВЕСТЕН
ОТБОР
ХРАМ
ГРОБ
ОЦЕНКА

5 - Salute e Benessere #1

Ф	Б	Т	Ф	С	Л	Г	Ь	Ш	Д	Ж	А	Л	Ц	О	М
У	А	Е	П	Л	Щ	Ъ	Ф	Т	Щ	Ж	В	С	Х	Ж	У
В	К	Р	А	Н	И	Ч	О	С	И	В	Ф	Ю	К	И	С
Ъ	Т	А	К	П	О	Е	Ъ	Р	И	У	В	Б	Й	Р	К
М	Е	П	И	А	Т	Ф	Р	А	К	Т	У	Р	А	Н	У
Г	Р	И	Н	Й	Ч	Е	А	Л	Т	Д	Ю	Н	З	А	Л
Л	И	Я	И	Г	П	С	К	Е	Л	Ф	Е	Р	О	В	И
А	И	А	Л	Г	Е	Н	Е	А	Ь	К	Ф	В	П	И	Т
Д	М	Й	К	Е	Й	А	Л	Н	А	О	М	Г	Н	К	Е
М	Е	Д	И	Ц	И	Н	А	И	К	Ж	Х	К	С	Л	С
Н	О	Г	И	О	Й	Н	Е	Н	Т	А	Г	Ж	Д	О	Ь
Е	Щ	В	Л	Л	К	П	Е	И	И	Н	О	М	Р	О	Х
Р	Ю	И	Ь	К	Ь	П	Ш	Ч	В	И	Ж	И	Я	Ч	Н
В	В	Р	Щ	Ф	С	П	Ь	Л	Е	Ю	Щ	У	Ц	Х	М
И	Е	У	М	Н	И	Ч	Р	О	Н	Л	Я	Ш	К	Л	Щ
О	Е	С	Я	Ф	Р	Е	Л	А	К	С	А	Ц	И	Я	П

НАВИК
ВИСОЧИНА
АКТИВЕН
БАКТЕРИИ
КЛИНИКА
ГЛАД
АПТЕКА
ФРАКТУРА
МЕДИЦИНА
ЛЕКАР
МУСКУЛИТЕ
НЕРВИ
ХОРМОНИ
КОЖА
ПОЗА
РЕФЛЕКС
РЕЛАКСАЦИЯ
ТЕРАПИЯ
ЛЕЧЕНИЕ
ВИРУС

6 - Aggettivi #1

К	Е	Н	Е	З	О	И	Ц	И	Б	М	А	Н	Ч	М	М
Ю	Ч	Е	Г	Р	Ш	Г	И	О	Т	К	Б	И	Л	О	А
Е	Ф	Т	Ъ	О	С	Л	Р	П	Д	Б	П	В	Я	Д	Р
Я	К	Ю	Я	Ъ	Л	Л	Д	О	В	Ь	Х	А	Ш	Е	Т
Д	Ъ	Л	Г	О	Ъ	Я	Ь	Г	М	Д	И	Ж	Р	Р	И
Ц	Н	О	Й	В	И	Х	М	Ж	Ш	Е	Г	Н	Е	Е	С
А	Ъ	С	Д	Ю	Г	Ц	Ч	Щ	Е	М	Н	О	Е	Н	Т
К	Т	Б	И	Д	Е	А	Л	Е	Н	Л	Е	А	К	Е	И
Т	Р	А	Ч	Г	Ъ	О	Т	И	Е	А	Т	Р	З	Ч	Ч
И	Щ	Е	Д	Ъ	Р	Т	П	Ж	Н	Д	С	Н	О	И	Е
В	Л	Л	Ф	Х	Ж	Е	К	М	Е	С	Е	Р	Т	Т	Н
Е	Ф	В	Й	Т	Б	Е	К	Г	Ц	Й	Ч	Ю	И	Н	Е
Н	Е	Т	А	М	О	Р	А	К	Р	Ь	С	Ь	Ч	Е	В
О	Г	Х	Ъ	Ю	В	П	Т	Е	Ж	Ъ	К	Н	Е	Д	А
М	И	И	С	Я	Ч	Ж	Л	У	Ъ	Ь	Д	Ф	Н	И	Б
Т	Щ	Б	М	Т	Ф	Ъ	Ч	Ш	С	В	Ц	Щ	Ц	Л	И

АМБИЦИОЗЕН
АРОМАТЕН
АРТИСТИЧЕН
АБСОЛЮТЕН
АКТИВЕН
ОГРОМЕН
ЕКЗОТИЧЕН
ЩЕДЪР
МЛАД
ГОЛЯМ
ИДЕНТИЧЕН
ВАЖНО
БАВЕН
ДЪЛГО
МОДЕРЕН
ЧЕСТЕН
ИДЕАЛЕН
ТЕЖЪК
ЦЕНЕН
ТЪНЪК

7 - Geologia

К	Х	Р	М	Ф	К	Ц	М	Ю	Ь	Щ	М	С	М	К	П
В	О	Д	Ф	Ц	И	Р	Я	Г	А	Ж	Ц	Х	И	О	Л
Д	Н	Н	Ю	Ъ	Н	А	И	М	Б	Ю	Й	К	Н	Р	А
Ю	Й	К	Т	Н	Х	В	З	С	Р	Ю	Е	А	Е	А	Т
П	Ф	Д	И	И	Р	К	О	У	Т	Х	Й	М	Р	Л	О
Ъ	Х	С	Й	С	Н	Й	Р	К	К	А	О	Ъ	А	У	Х
К	В	Ф	П	Ф	Е	Е	Е	А	Е	В	Л	К	Л	О	С
Г	Е	Й	З	Е	Р	Л	Н	В	Ь	А	С	И	И	М	Д
Ш	П	И	Й	Ц	Н	А	И	Т	М	Л	Л	П	Й	У	Ж
П	Й	Ц	О	О	Ш	Р	Е	Н	А	К	Л	У	В	Й	Е
Е	К	Л	М	В	П	Е	Й	Ш	А	Р	Й	Й	С	Я	Ъ
Щ	Н	А	Д	Е	И	Н	Е	С	Е	Р	Т	Е	М	Е	З
Е	Н	К	В	Д	Т	И	Т	К	А	Л	А	Т	С	Щ	Ф
Р	Л	Ю	Ж	Л	Х	М	Б	О	Я	Б	Б	Т	Ю	Г	Ю
А	Б	Ж	Д	П	С	Т	А	Л	А	Г	М	И	Т	И	Р
Ъ	К	Н	Е	К	Р	Ш	Ф	Ц	У	Ю	Р	Н	Щ	К	Р

КИСЕЛИНА
ПЛАТО
КАЛЦИЙ
ПЕЩЕРА
КОНТИНЕНТ
КОРАЛ
КРИСТАЛИ
ЕРОЗИЯ
МИНЕРАЛ
ГЕЙЗЕР
ЛАВА
МИНЕРАЛИ
КАМЪК
КВАРЦ
СОЛ
СТАЛАГМИТИ
СТАЛАКТИТ
СЛОЙ
ЗЕМЕТРЕСЕНИЕ
ВУЛКАН

8 - Campeggio

П	О	Ь	Б	Г	Я	Ф	И	Ф	Х	П	К	Ц	Т	Ъ	Ц
К	С	С	И	Я	И	Я	У	Ъ	Й	Л	А	Ь	П	Й	Н
С	Ф	И	Н	Ц	Ц	Л	С	И	В	А	Н	О	Я	Ф	Ш
И	Ф	Б	Т	М	Х	У	А	Ь	К	Н	У	М	Г	Е	Е
Ч	Л	Г	О	Р	А	Н	И	А	А	И	Я	О	К	Ъ	И
Г	О	К	В	К	Е	А	Ю	Х	Р	Н	Й	К	Й	Д	Н
К	В	Т	И	М	И	И	Б	А	Т	А	Б	Е	И	Ъ	Е
Д	А	Е	Ж	Щ	Н	Х	Ж	М	А	Т	Г	С	П	О	Ч
Л	Д	Б	Е	З	Е	Р	О	А	Щ	Е	И	А	И	Б	Ю
Ь	О	Ъ	И	Ъ	Л	Ж	В	К	К	В	О	Н	О	Ъ	Л
Щ	Р	Г	Ц	Н	В	Р	Ф	Б	Е	Р	В	Ъ	Ж	Е	К
П	И	Д	У	Р	А	С	Ю	Д	Х	Ъ	А	Ф	Н	Х	И
Ъ	Р	Б	М	Я	Б	В	Р	Д	Щ	Д	Д	Л	Щ	П	Р
К	П	О	У	Н	А	К	О	М	П	А	С	Р	Ъ	К	П
Ш	А	П	К	А	З	П	А	Л	А	Т	К	А	Л	Ф	Й
К	Щ	В	Ю	И	Е	Ъ	И	К	Щ	Н	К	Х	У	Б	Щ

ДЪРВЕТА
ХАМАК
ЖИВОТНИ
ПРИКЛЮЧЕНИЕ
КОМПАС
КАБИНА
ЛОВ
КАНУ
ШАПКА
ВЪЖЕ
ЗАБАВЛЕНИЕ
ГОРА
ОГЪН
НАСЕКОМО
ЕЗЕРО
ЛУНА
КАРТА
ПЛАНИНА
ПРИРОДА
ПАЛАТКА

9 - Arti Visive

Л	В	Ъ	Й	Х	Я	Л	Б	Ш	С	И	П	О	В	И	Ж
Р	А	У	Й	У	Т	А	Щ	Е	К	Й	А	О	Ю	Н	А
С	Д	К	Й	Д	Я	Ц	Ъ	Д	У	Х	Г	Т	Ф	Й	Р
Н	И	Ц	Ж	О	Ш	Р	О	Ь	Л	Ю	С	О	Я	Х	Х
И	П	А	К	Ж	Ъ	Р	Д	О	П	В	О	С	Ъ	К	И
М	Л	И	Ф	Н	Щ	Щ	Ъ	В	Т	П	К	Ц	Р	М	Т
К	Ц	К	В	И	Т	П	А	Ъ	У	Р	Ю	Г	М	О	Е
А	И	Т	Г	К	Л	Е	С	Р	Р	Ъ	Х	Я	Й	Л	К
Н	М	Е	П	Е	Ф	Н	Б	Ъ	А	Н	И	Л	Г	И	Т
М	Д	Р	И	Т	Л	О	Б	Е	С	К	Щ	Б	Х	В	У
Ж	Т	Т	Ш	А	Б	Л	О	Н	Ш	Т	Ч	Ж	Т	И	Р
К	Е	Р	А	М	И	К	А	Т	И	И	А	А	У	Т	А
Т	В	О	Р	Ч	Е	С	Т	В	О	Л	Р	В	Ф	А	Ж
Х	Б	П	А	И	Ш	С	Д	Х	Я	У	Г	Щ	В	Т	Ю
Ъ	П	Е	Р	С	П	Е	К	Т	И	В	А	Ш	Ф	С	Ч
Е	Р	Ч	Ф	Я	В	У	М	Х	Й	Ь	Я	Е	А	Ц	Ъ

АРХИТЕКТУРА
ГЛИНА
ХУДОЖНИК
ШЕДЬОВЪР
СТАТИВ
ВОСЪК
КЕРАМИКА
СЪСТАВ
ТВОРЧЕСТВО
ФИЛМ

СНИМКА
ТЕБЕШИР
МОЛИВ
ДРЪЖКА
ЖИВОПИС
ПЕРСПЕКТИВА
ПОРТРЕТ
СКУЛПТУРА
ШАБЛОН
ЛАК

10 - Tempo

Е	Ч	А	Г	Ж	Ж	О	Д	Д	А	П	С	Ч	Ш	Х	Г
Х	Ж	Щ	М	Ж	Й	М	Ю	Е	С	Р	Е	Г	Ц	И	О
А	Щ	Ю	Е	С	У	Т	Р	И	Н	Е	Д	Ж	А	А	Д
Г	Д	А	С	А	С	М	Б	Я	Ф	Д	М	Л	Б	В	И
С	М	Н	Е	Д	Ш	С	Г	А	Ж	И	И	Х	Ъ	К	Ш
Ю	Д	Ь	Ц	Д	Н	Л	Ш	И	А	Ю	Ц	Д	Д	Т	Е
Ш	С	К	Я	Е	Д	Е	П	Ч	Т	П	А	И	Е	В	Н
Я	Б	О	Ц	С	Я	М	С	И	У	Ь	Н	Ж	Щ	Е	С
Ч	А	С	Й	Е	К	А	Л	Е	Н	Д	А	Р	Е	К	О
И	Р	С	Х	Т	Т	И	Я	Г	И	Е	Н	Х	Л	Ч	Б
П	Е	Ц	М	И	Щ	Г	Н	И	М	В	И	Ъ	Р	С	Я
И	Ч	Е	Н	Л	Т	Ъ	Н	В	Щ	И	Д	Р	В	Л	Д
К	В	Ш	Ъ	Е	Т	Ш	Н	Р	О	Р	О	К	С	Е	Д
И	Ъ	А	Ю	Т	Ф	А	Ж	Ж	Н	С	Г	Т	Ц	Д	К
Б	Х	Ь	М	И	Ч	К	Ч	Д	К	Ь	А	Б	Н	О	Ю
И	Б	Ч	Я	Е	О	Ж	С	Р	Г	Д	П	Ч	Ч	Я	Б

ГОДИНА
ГОДИШЕН
КАЛЕНДАР
ДЕСЕТИЛЕТИЕ
СЛЕД
БЪДЕЩЕ
ДЕН
ВЧЕРА
СУТРИН
МЕСЕЦ
ОБЯД
МИНУТА
НОЩ
ДНЕС
ЧАС
ЧАСОВНИК
СКОРО
ПРЕДИ
ВЕК
СЕДМИЦА

11 - Astronomia

Т	Й	М	С	Р	Ъ	П	Н	Х	О	К	Й	Т	А	Г	А
Е	В	Ъ	В	А	О	Ю	А	С	И	О	Б	В	П	О	Ч
Л	Л	Г	Р	К	Ю	Я	К	Л	Д	С	Р	А	Н	У	Л
Е	Е	Л	Ъ	Е	И	А	И	П	П	М	В	Н	Х	А	Ш
С	Г	Я	Х	Т	Б	С	Т	Ц	Л	О	Я	О	Ж	А	Ф
К	Р	В	Н	А	Ц	Т	К	С	А	С	У	Р	Ш	Х	Х
О	А	И	О	Щ	А	Р	А	Л	Н	И	Д	Т	А	Ю	Я
П	В	Н	В	А	У	О	Л	Ю	Е	Т	Д	С	Е	Д	Г
Ъ	И	А	А	Х	Й	Н	А	Р	Т	Ф	И	А	Б	Ю	В
Й	Т	Н	Е	Б	Е	О	Г	Л	А	Т	У	Л	Р	Д	С
Г	А	Ю	Ф	Е	Ж	М	С	Ъ	З	В	Е	З	Д	И	Е
А	Ц	М	Е	Т	Е	О	Р	З	В	С	Е	Л	Е	Н	А
Д	И	О	Р	Е	Т	С	А	Ш	Е	Д	Щ	Г	О	И	Ч
Х	Я	П	А	У	Е	А	В	Н	Т	М	Й	Р	К	Ь	Ч
Я	И	К	К	Щ	Р	Я	Я	Ъ	Ъ	Ь	Я	У	Ф	Е	Е
Р	А	В	Н	О	Д	Е	Н	С	Т	В	И	Е	Ц	П	К

АСТЕРОИД
АСТРОНАВТ
АСТРОНОМ
НЕБЕ
КОСМОС
СЪЗВЕЗДИЕ
РАВНОДЕНСТВИЕ
ГАЛАКТИКА
ГРАВИТАЦИЯ
ЛУНА
МЕТЕОР
МЪГЛЯВИНА
ПЛАНЕТА
РАДИАЦИЯ
РАКЕТА
СВРЪХНОВА
ТЕЛЕСКОП
ЗЕМЯ
ВСЕЛЕНА

12 - Algebra

У	С	Ъ	Р	Р	П	Р	О	Б	Л	Е	М	Щ	Ф	Я	Ч
М	Р	Т	Щ	Ъ	Е	Н	А	Д	Ж	А	В	З	И	Т	У
А	Е	А	Е	Г	Т	Ш	Н	М	Г	Ъ	И	У	Б	Й	Н
Т	М	М	В	П	В	Я	Е	М	Щ	Ш	Ш	К	О	У	Ф
Р	О	А	Ш	Н	Е	Е	Д	Н	Ц	А	Л	Л	К	А	О
И	Н	Р	Я	С	Е	Н	Ь	Ж	И	Н	А	У	С	Л	Р
Ц	Щ	Г	Е	М	Е	Н	Г	В	Х	Е	Ф	В	О	Ш	М
А	Е	А	С	У	М	А	И	Г	Р	А	Ф	И	К	А	У
Г	Ь	И	У	Е	Ю	Ч	Ю	Е	О	Р	Я	Л	Е	А	Л
О	Ч	Д	Л	И	Н	Е	Е	Н	Т	К	Ю	Н	Ш	К	А
П	В	Ф	Р	А	К	Ц	И	Я	К	З	Т	Е	Ч	У	Ц
Р	О	Р	Н	У	Л	А	Ц	Ь	А	Е	Г	М	С	Б	Т
О	К	А	С	И	Я	Ь	Ь	Ц	Ф	Б	Ц	О	Ч	Ц	Ц
С	Ж	Т	Г	В	С	Ч	Ь	С	Е	И	Т	Р	Ш	О	Б
Т	У	Б	Х	Ь	К	Ш	М	Б	В	Е	Х	П	Н	Ъ	Ю
И	Х	В	Й	Г	К	О	Ш	Щ	Д	Х	Ч	Б	Т	Г	О

ДИАГРАМА
УРАВНЕНИЕ
СТЕПЕН
ФАЛШИВ
ФАКТОР
ФОРМУЛА
ФРАКЦИЯ
ГРАФИКА
БЕЗКРАЕН
ЛИНЕЕН
МАТРИЦА
НОМЕР
СКОБИ
ПРОБЛЕМ
ОПРОСТИ
РЕШЕНИЕ
СУМА
ИЗВАЖДАНЕ
ПРОМЕНЛИВ
НУЛА

13 - Mitologia

Б	О	Т	М	Ъ	Щ	Е	Н	И	Е	А	О	С	Е	О	Л
О	Г	Ю	Б	А	А	П	П	Ш	Х	Р	М	И	Ш	Е	У
Ж	О	Н	Ю	Ж	Д	Ч	Е	Ь	У	Х	Щ	Л	Д	А	Н
Е	И	Т	Р	Ъ	М	С	З	Е	Б	Е	Л	А	Б	Ь	Д
С	Ф	Й	Ш	У	К	Л	С	Н	Е	Т	Р	Ъ	М	С	Х
Т	С	О	Н	В	Е	Р	Ц	Ъ	Я	И	Н	Л	Ъ	М	Й
В	Н	Р	И	Щ	О	Г	Б	Е	З	П	Р	Р	Ф	В	Р
А	Й	Е	О	Л	Е	Щ	И	В	О	Д	У	Ч	О	Т	Н
Д	Р	Г	В	Л	Ж	Д	Б	Ь	И	У	А	Ф	Ш	Ш	Ц
Н	Ь	У	С	Ъ	З	Д	А	В	А	Н	Е	Н	П	Г	Я
Е	И	В	Т	С	Д	Е	Б	Т	И	В	Щ	Х	И	Х	Ц
Г	Й	Х	Я	Л	Г	Р	Ъ	М	Е	П	Ь	Н	Х	Е	И
Е	Л	Б	Б	Л	У	Щ	Л	А	Б	И	Р	И	Н	Т	Ш
Л	Ь	Й	У	Т	И	К	С	Е	Ч	И	Г	А	М	И	Ц
Ж	А	Р	Н	П	О	В	Е	Д	Е	Н	И	Е	М	О	Т
В	Ь	К	М	Т	Й	Л	О	Е	Ю	Е	Ж	Л	Ю	Р	Щ

АРХЕТИП
ПОВЕДЕНИЕ
СЪЗДАНИЕ
СЪЗДАВАНЕ
КУЛТУРА
БЕДСТВИЕ
БОЖЕСТВА
ГЕРОЙ
СИЛА
МЪЛНИЯ
РЕВНОСТ
ВОИН
БЕЗСМЪРТИЕ
ЛАБИРИНТ
ЛЕГЕНДА
МАГИЧЕСКИ
СМЪРТЕН
ЧУДОВИЩЕ
ГРЪМ
ОТМЪЩЕНИЕ

14 - Piante

Ш	Л	Р	Г	Ю	В	К	О	Р	Е	Н	Щ	Ж	Б	Ц	Й
О	Б	Б	Я	М	С	У	Х	Й	П	Х	Б	Д	Х	Ц	Ъ
Р	А	Щ	И	Ю	Х	Б	Й	С	Д	О	О	Х	Г	Ю	А
А	И	П	О	Е	Л	М	Б	Ь	Ф	Ч	И	В	Ж	Ч	Ь
С	Н	Ч	Т	Б	Б	А	О	О	Х	В	С	Д	М	В	Л
Т	В	Ь	Ь	Ц	Р	Б	Б	И	Т	Ц	В	Е	Т	Е	И
А	Г	Ф	Ю	Б	Ь	А	Р	Ь	С	А	К	Л	И	Б	С
Б	Р	Ъ	Ш	Л	Я	Н	Т	Б	А	Р	Н	Я	В	Я	Т
Ж	Т	Й	Й	Д	Й	С	Щ	Ц	Р	О	Т	И	Ъ	Ц	Ъ
М	П	Е	Р	П	Ъ	В	Д	С	Х	Г	М	Д	К	Т	Ю
Ш	И	Н	М	М	Ж	Р	Л	П	К	Н	А	А	Б	А	Р
Б	Щ	Х	И	Я	Ъ	Ч	В	О	С	В	К	Л	Р	Д	Б
Ц	Б	М	П	А	Я	Х	К	О	Т	В	Ь	Х	О	Ю	Щ
Б	Е	Р	И	М	О	Ч	Х	Г	Р	А	Д	И	Н	А	Г
Ф	Л	О	Р	А	В	Е	Н	Ч	Е	Л	И	С	Т	Ч	Е
Д	Ф	Ж	Н	Ч	Ф	С	Е	Ф	К	А	К	Т	У	С	С

ДЪРВО
БЕРИ
БАМБУК
БОТАНИКА
КАКТУС
ХРАСТ
РАСТА
БРЪШЛЯН
БИЛКА
БОБ
ТОР
ЦВЕТЕ
ФЛОРА
ЛИСТ
ГОРА
ГРАДИНА
МЪХ
ВЕНЧЕЛИСТЧЕ
КОРЕН

15 - Spezie

У	Ж	Е	Н	С	К	О	Б	И	Л	Е	Ь	Ъ	Т	Н	Д
У	С	М	Е	К	Ю	Ь	Ю	К	У	Р	К	У	М	А	Ж
К	Ь	Ю	Я	И	Ю	Ж	Г	О	Б	Ъ	Я	В	П	Р	И
Д	Е	Н	Л	У	К	В	И	У	Ц	Д	Х	Х	И	Ф	Н
К	Ц	О	С	С	Р	У	С	Ч	О	Н	Л	Щ	П	А	Д
Д	Н	Е	Н	Х	А	Р	А	М	Ф	А	Д	Н	Е	Ш	Ж
Р	Л	С	В	Е	В	Ъ	Л	Я	И	И	Й	Е	Р	Ь	И
И	Ч	Р	Е	П	И	П	Н	Е	В	Р	Е	Ч	К	П	Ф
К	А	Р	Д	А	М	О	Н	Т	А	О	Д	К	Ъ	П	И
К	Г	Щ	Ж	Ь	Ю	К	Е	Я	Я	К	Т	А	Д	Е	Л
Я	А	Н	Т	Р	В	Ц	Ь	Я	И	Л	И	Н	А	В	Г
Ф	Л	Н	А	О	Б	Т	Ш	Ю	Р	Н	В	А	Л	Ъ	О
Я	Ъ	Ь	Е	Н	Ъ	С	Е	Ч	Ъ	М	А	С	С	В	Р
В	Ц	Х	Т	Л	Ж	У	Д	Н	К	Н	М	О	О	М	Ч
Ц	Ю	Ф	Ю	Н	А	К	И	М	И	О	Н	Н	Л	Ф	И
Т	У	П	Ж	С	Ш	В	В	Щ	Д	Ч	И	К	Ь	Щ	В

ЧЕСЪН
ГОРЧИВ
АНАСОН
КАНЕЛА
КАРДАМОН
ЛУК
КОРИАНДЪР
КИМИОН
КУРКУМА
КЪРИ
СЛАДЪК
КОПЪР
ВКУС
ЖЕНСКО БИЛЕ
ЧЕРВЕН ПИПЕР
ПИПЕР
СОЛ
ВАНИЛИЯ
ШАФРАН
ДЖИНДЖИФИЛ

16 - Numeri

Ч	Ю	О	С	Е	М	Н	А	Д	Е	С	Е	Т	А	Ш	Д
П	Е	Д	В	Е	Г	Н	Л	К	Ц	О	Ч	Ш	И	Е	Е
Т	Е	Т	Е	С	Е	Д	У	И	Щ	О	Е	Е	Т	С	В
С	Ю	Т	И	Р	Т	П	Н	Х	Ч	А	Т	С	Т	Т	Е
Р	Ж	П	Н	Р	Щ	Ч	А	В	Е	М	И	Т	Р	Ц	Т
Р	И	И	С	А	И	Й	Р	К	Д	С	Р	Н	И	Ю	Н
В	Е	Д	А	Ъ	Д	Ц	Д	О	П	А	И	А	Н	В	А
Н	Ь	Ц	Г	К	Ц	Е	Ц	Л	Б	Д	Н	Д	А	Ц	Д
Я	Ч	Ш	Ф	Д	А	Ю	С	Н	Ж	Е	А	Е	Д	У	Е
П	В	Х	М	Ч	Г	У	Ш	Е	Л	С	Д	С	Е	Т	С
Д	В	А	Д	Е	С	Е	Т	А	Т	Е	Е	Е	С	Я	Е
Д	Е	В	Е	Т	Д	В	Ч	Щ	М	Т	С	Т	Е	П	Т
Г	Ш	О	С	Е	М	Е	Ж	Ш	Х	И	Е	В	Т	И	Б
Д	В	А	Н	А	Д	Е	С	Е	Т	Ч	Т	И	Н	Т	С
Ж	Ъ	Й	Е	Д	Л	Ч	М	Г	Н	Е	Ж	Д	Ц	Ж	Щ
И	Й	Д	Х	Т	Е	С	Е	Д	А	Н	М	Е	Д	Е	С

ПЕТ
ДЕСЕТИЧЕН
ДЕВЕТНАДЕСЕТ
СЕДЕМНАДЕСЕТ
ОСЕМНАДЕСЕТ
ДЕСЕТ
ДВАНАДЕСЕТ
ДВЕ
ДЕВЕТ
ОСЕМ
ЧЕТИРИНАДЕСЕТ
ЧЕТИРИ
ПЕТНАДЕСЕТ
ШЕСТНАДЕСЕТ
ШЕСТ
СЕДЕМ
ТРИ
ТРИНАДЕСЕТ
ДВАДЕСЕТ
НУЛА

17 - Cioccolato

Щ	И	Г	Щ	И	Ш	И	Ю	О	В	Т	С	Е	Ч	А	К
И	И	Р	О	Л	А	К	У	Д	К	П	Ч	Х	Ф	Ф	У
Б	Ь	У	Н	Р	М	С	Ъ	М	У	В	Х	Х	Я	Т	А
Ф	Е	К	О	Н	Ч	Й	Й	Ю	С	Ж	В	П	Ь	Н	Н
Щ	Ю	Х	А	Р	П	И	Т	П	Е	Д	О	Щ	О	П	Т
Й	Щ	Е	С	Я	Б	Ч	В	Г	Н	О	Б	Н	О	Б	И
Ъ	М	Р	Л	С	Т	Т	А	М	О	Р	А	А	Е	К	О
Х	Б	О	А	О	В	Я	Ф	С	У	Ч	Ч	Е	Д	А	К
Ф	К	В	Д	Д	Б	А	Р	Е	Ц	Е	П	Т	А	К	С
Т	Ъ	О	Ъ	П	Й	Н	К	Ю	З	А	Х	А	Р	А	И
Л	Ж	С	К	Ю	П	А	Х	В	У	Н	Ж	Ц	В	О	Д
Ч	Л	О	Т	Ц	Р	З	Ш	Ю	А	К	Ъ	Ч	Я	Б	А
Ш	Г	К	Й	Ъ	М	Ъ	Е	В	Я	Т	Ь	Т	Щ	Т	Н
Т	Б	О	Ж	Й	Ц	Л	Ю	Б	И	М	С	А	Ж	Г	Т
Я	Е	К	Н	Е	Ч	И	Т	О	З	К	Е	Ъ	Л	Д	Д
К	А	Р	А	М	Е	Л	В	К	У	С	С	А	С	Ц	И

ГОРЧИВ
АНТИОКСИДАНТ
ФЪСТЪЦИ
АРОМАТ
ЗАНАЯТЧИЙСКИ
КАКАО
КАЛОРИИ
БОНБОН
КАРАМЕЛ
ВКУСЕН
СЛАДЪК
ЕКЗОТИЧЕН
ВКУС
СЪСТАВКА
КОКОСОВ ОРЕХ
ПРАХ
ЛЮБИМ
КАЧЕСТВО
РЕЦЕПТА
ЗАХАР

18 - Immigrazione

О	Щ	Л	Ш	Д	К	Ж	П	Ь	Ц	У	О	А	Я	Б	Ц
З	А	Щ	И	Т	А	О	И	Н	Т	С	А	Р	З	Ъ	В
К	Щ	Л	К	Е	Ч	Й	М	Л	Е	Ф	Ф	Е	Ш	Я	С
Ь	С	Ь	П	Х	П	Ч	О	У	И	К	Ф	Ц	В	И	И
Щ	П	Ъ	С	Н	О	К	А	З	Н	Щ	М	И	Ю	Ц	Т
Ц	Е	Р	С	Ъ	М	Л	М	Ч	Е	И	Е	Ф	Д	А	У
В	Г	Ф	О	Е	О	Ф	Ч	Й	Ш	Ц	К	О	Л	Р	А
Д	Е	Ц	А	Ц	Щ	П	Н	Ф	Е	И	Д	А	Ш	Т	Ц
К	О	Р	С	Н	Е	А	Р	К	Р	Н	О	Ш	Ц	С	И
Е	З	И	К	И	Л	С	В	Щ	Ь	А	К	К	Ж	И	Я
П	Р	Е	Г	О	В	О	Р	И	Ю	Р	У	В	Ь	Н	Я
Ж	Ъ	Ъ	А	Ж	Щ	Р	О	Я	О	Г	М	С	С	И	Ъ
Ю	Н	Ж	П	Р	В	Е	Я	О	Г	А	Е	Т	Н	М	С
О	Д	О	Б	Р	Е	Н	И	Е	Г	А	Н	Р	И	Д	Л
Ф	И	Н	А	Н	С	И	Р	А	Н	Е	Т	Е	Е	А	Е
Е	Д	Г	Е	Ф	А	М	П	У	Х	Ь	И	С	Т	У	В

ВЪЗРАСТНИ
ПОМОЩ
ЖИЛИЩЕ
АДМИНИСТРАЦИЯ
ОДОБРЕНИЕ
ДЕЦА
КОМУНИКАЦИЯ
ДОКУМЕНТИ
ФИНАНСИРАНЕ
ГРАНИЦИ
ЗАКОН
ЕЗИК
ПРОЦЕС
ЗАЩИТА
КРАЕН СРОК
СИТУАЦИЯ
РЕШЕНИЕ
СТРЕС
ПРЕГОВОРИ
ОФИЦЕР

19 - Guida

П	Х	Д	К	С	Б	Ъ	Е	М	Н	К	Е	О	Б	О	А
Б	О	Е	Ф	Р	Т	У	В	К	Ж	К	И	Г	О	П	М
Б	Л	Л	Б	С	Б	Ъ	У	Т	Ч	Ц	М	Т	Т	А	О
Т	Е	А	И	К	Ч	А	Р	И	П	С	Ж	Г	У	С	Т
И	Ч	З	Л	Ц	А	Я	Б	Ш	А	Л	О	К	Н	Н	О
Г	Б	А	О	Д	И	Р	Ж	Л	В	Я	П	И	Е	О	Ц
С	А	Г	Л	П	Ъ	Я	Д	Ф	Т	С	Е	Ф	Л	С	И
К	К	Р	Н	Г	А	Ж	Щ	В	О	Ж	Ш	А	Р	Т	К
О	У	П	А	У	Т	С	Е	Ж	Б	Я	Е	Р	Т	Ж	Л
Р	Л	Ю	К	Ж	Р	Ш	Н	Ю	У	Л	Х	Т	Г	Щ	Е
О	О	П	Ъ	Т	А	Х	Ц	О	С	Р	О	Т	О	М	Т
С	П	Ч	Ь	О	К	Н	Ц	Е	С	У	Д	О	Р	Ъ	М
Т	О	Г	Д	И	М	В	А	О	Х	Т	Е	Д	И	О	Х
Ф	Л	Ш	А	Т	Д	У	Ъ	Ч	П	П	Ц	Х	В	Ъ	Ц
Л	З	Н	Е	Ц	И	Л	Ж	Ж	Я	С	Г	В	О	Ц	Ф
Т	Р	А	Н	С	П	О	Р	Т	Г	Й	Т	М	Л	Ц	М

КОЛА
АВТОБУС
ГОРИВО
СПИРАЧКИ
ГАРАЖ
ГАЗ
ЗЛОПОЛУКА
ЛИЦЕНЗ
КАРТА
МОТОЦИКЛЕТ
МОТОР
ПЕШЕХОДЕЦ
ОПАСНОСТ
ПОЛИЦИЯ
БЕЗОПАСНОСТ
ПЪТ
ТРАФИК
ТРАНСПОРТ
ТУНЕЛ
СКОРОСТ

20 - I Media

Р	М	Е	С	Т	Е	Н	А	Т	Щ	Я	С	Я	Ю	И	И
И	Е	В	Д	Я	Ь	Е	Е	Ъ	Ж	Й	С	О	Я	Н	Н
Ф	Н	К	Н	Н	Р	У	Р	Р	О	Ц	О	И	Й	Д	Т
С	О	Д	Л	Ъ	В	Щ	У	Г	Ш	Н	Я	К	Ь	И	Е
Т	Н	Д	У	А	А	Ю	Б	О	Е	Б	О	М	Й	В	Л
Е	Е	Р	Н	С	М	Й	Р	В	О	Р	Ф	И	Ц	И	Е
Н	И	У	И	Ю	Т	И	Ю	С	М	Ф	Ч	Н	Г	Д	К
А	Н	И	Ц	Л	О	Р	И	К	Ш	Р	Н	С	Р	У	Т
Р	А	Д	И	О	Н	Ш	И	И	К	М	Е	О	М	А	У
И	В	Щ	Н	Ь	Л	В	О	Я	Ъ	Л	В	Ж	Й	Л	А
С	О	И	Т	К	А	Ф	Б	Я	Н	Г	Т	Я	А	Е	Л
Н	З	Г	С	Е	Й	Б	Й	Й	Ч	Ь	С	Ю	Ф	Н	Е
А	А	Е	Е	И	Н	А	Д	З	И	М	Е	Н	Ц	Б	Н
Н	Р	Ж	В	М	Н	Е	Н	И	Е	О	Щ	Е	Й	М	Ж
И	Б	Т	Е	Л	Е	В	И	З	И	Я	Б	Р	Ч	С	А
Ф	О	Я	И	Ц	А	К	И	Н	У	М	О	К	Р	Щ	О

ТЪРГОВСКИ
КОМУНИКАЦИЯ
ЦИФРОВ
ИЗДАНИЕ
ОБРАЗОВАНИЕ
ФАКТИ
ФИНАНСИРАНЕ
СНИМКИ
ВЕСТНИЦИ
ИНДИВИДУАЛЕН
ИНДУСТРИЯ
ИНТЕЛЕКТУАЛЕН
МЕСТЕН
ОНЛАЙН
МНЕНИЕ
РЕКЛАМИ
ОБЩЕСТВЕН
РАДИО
МРЕЖА
ТЕЛЕВИЗИЯ

21 - Forza e Gravità

О	Д	Й	О	Я	Д	Б	Я	О	А	К	Ш	Й	К	Д	М
Л	Т	Н	Й	Ф	Т	Г	Ъ	М	С	К	А	Н	К	И	А
Г	Ю	К	И	К	П	Я	Ч	Р	Ъ	Т	Н	Е	Ц	Н	Г
Е	Ф	С	Р	Б	Ч	У	С	Д	Ш	Г	Е	Ь	А	А	Н
Т	С	И	Е	И	Н	Е	Ж	И	В	Д	Л	Й	Я	М	Е
Р	И	И	З	Х	Т	Ю	Л	С	Ш	Ч	А	С	Е	И	Т
О	Ц	Щ	М	И	О	И	Ф	К	Е	Ц	С	О	Н	Ч	И
С	Д	Ъ	Е	Т	К	Ъ	Е	О	И	Н	Р	Р	А	Е	З
Ф	Ь	Г	Л	А	Г	А	Г	Р	Н	Х	Е	Б	В	Н	Ъ
М	Е	Х	А	Н	И	К	А	О	Я	Ф	В	И	Я	И	М
П	Л	А	Н	Е	Т	И	Ь	С	О	Ъ	И	Т	Р	Ш	И
Н	А	Л	Я	Г	А	Н	Е	Т	Т	Д	Н	А	И	Т	М
О	Ь	Л	Ш	Ц	Я	М	Ж	У	С	К	У	Ъ	Ш	К	О
В	Е	И	В	Т	С	Й	Е	Д	З	Ъ	В	Щ	З	Л	Т
Ь	Я	П	Ф	С	И	Н	Й	Ш	А	Щ	Ю	Г	А	Е	И
Ш	Р	Ц	Б	А	О	Л	Б	П	Р	Р	А	У	Р	Ь	Д

ОС
ТРИЕНЕ
ЦЕНТЪР
ДИНАМИЧЕН
РАЗСТОЯНИЕ
РАЗШИРЯВАНЕ
ФИЗИКА
ВЪЗДЕЙСТВИЕ
МАГНЕТИЗЪМ
МЕХАНИКА
ДВИЖЕНИЕ
ОРБИТА
ТЕГЛО
ПЛАНЕТИ
НАЛЯГАНЕ
ИМОТИ
ОТКРИТИЕ
ЧАС
УНИВЕРСАЛЕН
СКОРОСТ

22 - Sport

Е	Ч	Б	И	И	Ф	Ч	Ь	Х	Т	Е	А	К	Ъ	Р	Е
У	Б	А	Е	Т	Р	О	П	С	Г	О	Й	О	Л	У	Ц
Щ	В	Т	Т	С	О	Н	Б	О	С	О	П	С	В	А	А
А	Я	Е	И	О	Н	С	Е	К	В	Т	Ю	В	Д	Е	Ъ
Щ	О	И	Л	В	Б	Т	С	И	Т	Р	О	П	С	Р	Ю
Ч	Е	Д	У	И	Ш	Ц	Я	Ч	Ж	Щ	Р	Е	Х	Т	Г
Н	Н	Д	К	Л	Ч	Р	У	Л	Т	Р	Е	Н	Ь	О	Р
К	А	Ъ	С	Ж	Р	А	П	Е	О	Н	В	Е	Ш	Г	Д
Л	Г	Т	У	Ъ	Н	Н	Л	Ц	Щ	И	А	Д	Н	Ч	Т
Р	Я	Й	М	Р	Н	А	Ь	И	Х	В	Р	З	Ю	У	Ч
С	Т	У	С	Д	Д	Р	К	Ц	С	Й	Д	Е	Щ	С	Ъ
Ф	З	Ь	Г	З	Ч	Х	Р	Н	Б	А	З	О	Ф	Т	П
В	А	Ч	Я	И	П	Е	Ь	А	Ю	Д	Щ	Л	А	Ш	Б
П	Р	О	Г	Р	А	М	А	Т	П	Ж	К	О	С	Т	И
Ц	Ю	О	Д	Ж	О	Г	И	Н	Г	К	Ь	К	П	Н	Т
У	Й	М	Ш	Ч	В	Л	А	Р	Н	Г	Б	Д	Ь	В	П

ТРЕНЬОР
СПОРТИСТ
СПОСОБНОСТ
КОЛОЕЗДЕНЕ
ТЯЛО
ТАНЦИ
ДИЕТА
СИЛА
ДЖОГИНГ
УВЕЛИЧА
МУСКУЛИТЕ
ХРАНА
ЦЕЛ
КОСТИ
ПРОГРАМА
ИЗДРЪЖЛИВОСТ
ЗДРАВЕ
СПОРТ
РАЗТЯГАНЕ

23 - Uccelli

Г	Ю	О	П	Х	В	Щ	Т	У	К	А	Н	В	Ц	Ч	Е
Ч	А	Й	К	А	Й	Р	О	Л	Р	Я	Ч	Р	Ц	Н	Е
П	Ъ	Б	К	С	Ь	А	Л	П	А	Ч	Н	А	А	К	Г
О	Е	Л	И	П	Х	У	Б	Ф	Ь	Ш	Я	Б	Т	Б	Я
Г	Ь	Л	Е	Р	О	С	Ж	Ж	К	С	И	Ч	В	С	Ш
Н	Ъ	М	И	К	Ч	Н	Б	Ю	П	Д	Д	Е	Б	Е	Л
И	Е	Л	Е	К	Р	Ъ	Щ	Л	А	Г	А	П	А	П	О
М	П	Т	Ъ	Ю	А	Д	Я	Х	Ц	Б	Т	В	Т	К	Н
А	А	Ъ	Й	Б	Ц	Н	Т	С	И	Ю	К	Ц	И	Ъ	Д
Л	У	И	Ш	Я	И	И	Ф	К	Т	О	Д	Л	Ж	Ь	Ш
Ф	Н	Л	Ш	Р	В	В	Й	П	А	Р	Б	Ю	Х	О	Д
А	С	И	Е	Ц	У	Г	Т	Е	П	Ш	Е	Х	Д	Ц	Е
Г	Ъ	С	К	А	К	Н	Ь	В	Ъ	В	Ц	Б	О	Ф	У
Б	Б	Ю	К	Г	У	И	А	Г	Л	О	Й	Ц	Л	Л	Я
О	Д	Х	В	Н	К	П	Ж	У	Щ	Ю	Я	Ф	Ш	Ю	К
Ц	Х	Ч	Ф	В	Г	С	О	Ц	Г	Ц	Ю	Ь	Ц	Н	Б

ЧАПЛА
ПАТИЦА
ОРЕЛ
ЩЪРКЕЛ
ЛЕБЕД
КУКУВИЦА
ЯСТРЕБ
ФЛАМИНГО
ЧАЙКА
ГЪСКА

ПАПАГАЛ
ВРАБЧЕ
ПАУН
ПЕЛИКАН
ГЪЛЪБ
ПИНГВИН
ПИЛЕ
ЩРАУС
ТУКАН
ЯЙЦЕ

24 - Giorni e Mesi

Б	В	Н	Т	К	И	Ь	К	П	М	Н	Б	Ъ	А	Д	Ч
Т	С	Т	Е	Ж	М	Ф	Ъ	О	Б	М	У	Ч	Ч	Е	К
В	С	Н	О	Д	Щ	О	Н	Н	С	Щ	А	Ю	Б	К	М
Ш	Ф	О	Н	Р	Е	Ъ	С	Е	Ш	Р	Ш	Ф	Й	Е	Ж
Н	Я	Щ	В	М	Н	Л	Ш	Д	Г	Й	Я	Ц	Ч	М	И
Я	Н	У	А	Р	И	И	Я	Е	Ь	Ю	У	Д	Ч	В	О
Г	Ю	А	И	Ь	Ш	Р	К	Л	Б	Н	Ш	Х	А	Р	Я
Б	А	П	Р	И	Л	А	С	Н	Ъ	И	Н	Х	Ю	И	Д
А	В	Г	У	С	Т	У	А	И	И	Р	В	М	Е	О	Н
Т	С	Ю	Е	Ц	Ь	Р	Н	К	Р	В	Ф	Е	Й	Ш	П
О	М	Е	С	Е	Ц	В	И	Р	В	М	О	Т	К	О	Е
Б	Ю	Л	И	Е	А	Е	Д	Р	Ф	Е	Г	М	О	Ж	Т
Ъ	Х	П	И	Й	Щ	Ф	О	А	В	Т	Д	О	У	В	Ъ
С	Н	Ю	У	Ш	П	Ч	Г	Ф	Ж	П	Ц	Г	А	У	К
М	Щ	К	А	Л	Е	Н	Д	А	Р	Е	Ь	Ц	М	Г	Ж
С	Е	Д	М	И	Ц	А	О	Ш	О	С	И	Ь	Б	Л	Й

АВГУСТ
ГОДИНА
АПРИЛ
КАЛЕНДАР
ДЕКЕМВРИ
НЕДЕЛЯ
ФЕВРУАРИ
ЯНУАРИ
ЮНИ
ЮЛИ

ПОНЕДЕЛНИК
ВТОРНИК
СРЯДА
МЕСЕЦ
НОЕМВРИ
ОКТОМВРИ
СЪБОТА
СЕПТЕМВРИ
СЕДМИЦА
ПЕТЪК

25 - Casa

Т	Ю	Ж	В	Е	В	Ш	К	Б	С	В	Ф	О	Х	П	В
Р	А	Н	Е	Т	С	В	А	С	Г	О	С	Г	К	Р	Р
К	Ш	В	А	Ж	М	Н	М	И	Л	И	К	Л	И	О	А
У	У	М	А	М	А	Н	И	Д	А	Р	Г	Е	Ц	З	Т
Ж	Д	Х	К	Н	М	Б	Н	С	У	И	Ц	Д	Л	О	А
Ш	К	К	Н	И	Р	Ж	А	Л	Т	Е	М	А	А	Р	Ь
Ш	В	С	Ж	Я	В	Р	Ч	У	Ж	А	Ф	Л	М	Е	Х
Б	И	Б	Л	И	О	Т	Е	К	А	К	Я	О	П	Ц	Е
Ъ	Ь	Ш	П	Ь	У	М	П	Ъ	Ш	Ю	П	С	А	О	Т
О	Е	Н	П	С	Щ	Ч	О	Ч	Ф	Ж	А	Г	Т	Г	А
Ь	Л	Ш	Ф	Е	Я	Я	К	Ж	Р	Н	Б	Ь	Х	Р	Ж
Ъ	В	Н	Р	О	Щ	М	Р	Ь	Ц	Б	П	Р	Я	А	К
Ч	Ю	Й	А	Я	Р	И	И	О	Г	А	Р	А	Ж	Д	Р
К	Л	Ю	Ч	О	В	Е	В	Д	Е	А	Я	Ч	И	А	А
Ш	Р	У	Щ	Я	П	Ъ	Л	О	В	М	Б	Ц	Й	Т	Н
И	Е	А	Ъ	Я	У	Ц	Л	Ь	Б	Н	Б	Ж	К	Б	Л

ТАВАН
БИБЛИОТЕКА
СТАЯ
КАМИНА
КЛЮЧОВЕ
КУХНЯ
ДУШ
ПРОЗОРЕЦ
ГАРАЖ
ГРАДИНА
ЛАМПА
СТЕНА
ЕТАЖ
ВРАТА
ОГРАДА
КРАН
МЕТЛА
ОГЛЕДАЛО
КИЛИМ
ПОКРИВ

26 - Fantascienza

Ф	Ц	Д	Ъ	Х	Й	Т	Е	Х	Н	О	Л	О	Г	И	Я
Р	Н	Ц	О	М	Л	Я	Ъ	М	Ъ	Е	М	Я	Н	Г	Д
Ю	С	Ф	П	В	Ш	В	Я	Ъ	Г	Ч	М	Г	О	Л	И
Х	У	Ь	Я	Й	Й	С	И	М	О	М	Ф	О	И	У	С
Г	Ч	Ъ	Е	А	Ю	И	П	Ю	Ъ	Л	Л	Я	Т	К	Т
М	И	С	Т	Е	Р	И	О	З	Е	Н	А	Т	О	А	О
К	Ш	Г	А	Л	А	К	Т	И	К	А	Т	К	Б	Р	П
Ъ	М	Ю	И	Щ	С	Д	У	Е	Л	Ъ	Е	И	О	О	И
Ф	У	Т	У	Р	И	С	Т	И	Ч	Е	Н	Н	Р	Т	Я
Ш	С	Ч	Ц	Т	Д	Д	Ф	В	Б	Л	А	О	Н	К	И
К	Г	К	Х	Ь	С	Ф	Л	Л	Г	Н	Л	Т	Ж	Н	Л
О	Н	Ч	И	Т	С	А	Т	Н	А	Ф	П	Ю	Г	Ц	Ю
Г	Ж	И	Л	Ф	Ъ	Е	К	С	П	Л	О	З	И	Я	З
Й	Т	О	Г	С	Ц	Е	Н	А	Р	И	Й	Ж	Г	Л	И
Я	Р	Б	Т	И	Н	М	Е	Р	Т	С	К	Е	В	Т	Я
У	Ь	Л	М	Д	В	Ъ	О	Б	Р	А	Ж	А	Е	М	Х

АТОМЕН
КИНО
ДИСТОПИЯ
ЕКСПЛОЗИЯ
ЕКСТРЕМНИ
ФАНТАСТИЧНО
ОГЪН
ФУТУРИСТИЧЕН
ГАЛАКТИКА
ИЛЮЗИЯ
ВЪОБРАЖАЕМ
КНИГИ
МИСТЕРИОЗЕН
СВЯТ
ОРАКУЛ
ПЛАНЕТА
РОБОТИ
СЦЕНАРИЙ
ТЕХНОЛОГИЯ
УТОПИЯ

27 - Città

М	С	Ь	Я	У	Е	Щ	И	Л	И	Ч	У	Я	Ш	Ч	П
Щ	У	Ъ	И	Я	И	Д	Д	Е	П	Ш	Н	Ъ	Щ	Ц	Ф
Д	А	З	Р	В	У	Е	Е	Т	Л	С	И	Ц	Д	Д	Е
Й	Ц	Ю	Е	Я	Д	Е	Х	И	А	Г	В	Ф	О	А	Ж
Я	И	Х	Л	Й	В	Ц	В	Щ	П	Т	Е	Щ	О	Ч	С
Ъ	Н	Щ	А	Н	Р	У	Ф	Е	Т	Е	Р	Ю	И	С	Й
А	Р	Ю	Г	П	А	З	А	Р	Е	А	С	Л	С	У	Щ
Л	А	К	И	Н	И	Л	К	К	К	Т	И	К	Т	П	П
Щ	Ж	Б	А	Н	К	А	Т	Р	А	Ъ	Т	И	А	Е	Г
Б	И	Б	Л	И	О	Т	Е	К	А	Р	Е	Н	Д	Р	Г
А	Н	Д	М	Ю	Х	Н	Х	И	К	Т	Т	О	И	М	К
Н	К	Р	А	П	О	О	З	О	Ч	П	Е	А	О	А	Ь
Ъ	И	С	Ч	Ф	С	Ь	Н	Щ	Т	Ц	Ю	В	Н	Р	Ф
Х	Я	К	И	Л	Л	Т	Н	О	Щ	Е	Ч	Ш	Ц	К	Ъ
М	А	Г	А	З	И	Н	О	А	В	Н	Л	Ю	В	Е	Ц
О	Щ	П	Ш	О	Й	Р	К	Г	П	Й	Ф	Д	Н	Т	Т

ЛЕТИЩЕ
БАНКА
БИБЛИОТЕКА
КИНО
КЛИНИКА
АПТЕКА
ЦВЕТАР
ГАЛЕРИЯ
ХОТЕЛ
КНИЖАРНИЦА
ПАЗАР
МУЗЕЙ
МАГАЗИН
ФУРНА
УЧИЛИЩЕ
СТАДИОН
СУПЕРМАРКЕТ
ТЕАТЪР
УНИВЕРСИТЕТ
ЗООПАРК

28 - Fattoria #1

Х	О	П	Щ	Ъ	С	Ц	Н	Ц	И	Ф	О	К	Ю	О	Т
Ш	Д	Р	Л	З	Ф	Р	Е	Ж	Ь	И	Д	М	Ж	Ф	О
К	О	Ф	Б	Е	Р	А	Г	А	М	Ь	У	С	Ж	Ъ	Ж
П	Н	С	Ц	М	Л	С	О	Б	У	А	Д	Е	М	Н	О
А	В	В	В	Я	Ц	И	Й	Б	Ю	Щ	С	Н	К	И	Ч
К	А	Ь	Р	И	Т	Е	Л	Е	М	С	Я	О	Н	П	Ж
Ж	К	Л	Щ	А	Н	Е	М	Е	С	И	Ц	Ч	Ч	И	Ъ
Е	Ч	У	К	Ч	Б	Я	П	Ч	Е	Л	А	Б	Л	Л	Б
Л	Р	Т	С	О	Х	Н	Ф	П	Я	Н	Ж	Ф	К	Е	И
О	В	О	Н	П	З	И	Р	О	М	Б	Е	Ж	О	С	Щ
П	И	Т	Щ	А	В	А	Д	А	Р	Г	О	Д	Н	Т	Н
К	Й	О	Х	Г	Ф	Д	С	Б	Щ	Я	К	О	М	А	И
М	О	Р	П	Т	О	О	Щ	О	Д	Х	В	В	Ю	Д	А
Д	Я	Т	Щ	В	Е	В	Ъ	У	С	Й	В	Ъ	В	О	В
Ю	Ц	Ч	К	Ф	Б	Х	Т	Д	С	У	И	У	К	Д	П
В	О	Г	И	А	В	А	Р	К	Щ	Ю	Ж	Л	У	Т	Р

ВОДА
ПЧЕЛА
МАГАРЕ
ПОЛЕ
КУЧЕ
КОЗА
КОН
ТОР
СЕНО
КОТКА

СТАДО
СВИНЯ
МЕД
КРАВА
ПИЛЕ
ОГРАДА
ОРИЗ
СЕМЕНА
ЗЕМЯ
ТЕЛЕ

29 - Psicologia

К	Р	П	Е	Н	А	Щ	Е	С	У	И	Я	Ъ	В	В	Б
Ю	Е	Р	А	М	В	О	Ь	Ю	Ф	Д	С	У	Ъ	Д	Е
Я	А	О	К	Д	О	Ъ	Т	Й	Л	Е	К	Ж	З	С	З
Ц	Л	Б	Н	Ф	Б	Ц	К	С	Щ	И	К	Я	П	С	С
М	Н	Л	Е	Л	Ю	Л	И	Ж	И	М	В	Л	Р	И	Ъ
Е	О	Е	Ц	П	Е	Н	Д	И	Ю	И	Л	С	И	М	З
Ч	С	М	О	Л	Ж	Т	С	О	Н	Ч	И	Л	Е	Д	Н
Т	Т	Р	Д	Я	И	П	А	Р	Е	Т	Я	Щ	М	Е	А
И	П	Ф	Н	Ь	Я	Х	Ь	Н	Я	Й	Н	Ю	А	Т	Н
К	О	Н	Ф	Л	И	К	Т	Я	З	Й	И	У	Н	С	И
К	Л	И	Н	И	Ч	Е	Н	Р	К	Ъ	Я	У	Е	Т	Е
И	Б	Т	Е	К	О	В	В	Ш	Ж	Я	С	Т	Ф	В	Я
П	О	З	Н	А	Н	И	Е	Ч	Ъ	Ц	М	Д	Ш	О	Н
О	Е	И	Н	Е	Д	Е	В	О	П	Ц	Л	Е	О	В	Т
Ъ	П	Г	Й	Ъ	Л	Л	Ж	Т	Т	О	Т	Ь	В	П	С
Н	Г	О	О	Ч	П	Ж	Ж	Я	О	К	А	И	Л	Н	Ц

КЛИНИЧЕН
ПОЗНАНИЕ
ПОВЕДЕНИЕ
КОНФЛИКТ
ЕГО
ЕМОЦИИ
ИДЕИ
БЕЗСЪЗНАНИЕ
ДЕТСТВО
ВЛИЯНИЯ
МИСЛИ
ВЪЗПРИЕМАНЕ
ЛИЧНОСТ
ПРОБЛЕМ
РЕАЛНОСТ
УСЕЩАНЕ
МЕЧТИ
ПОДСЪЗНАТЕЛНО
ТЕРАПИЯ
ОЦЕНКА

30 - Paesaggi

Ь	Ъ	Х	Т	К	Ш	П	Щ	П	О	Д	И	К	С	Ф	М
Т	Д	И	И	И	И	Т	П	У	Х	С	Й	Ж	П	О	Е
Р	М	Г	Я	Н	Ъ	Ф	Е	П	П	Т	С	Щ	О	И	З
Н	Н	А	Б	Д	Й	Ю	Щ	Ч	Д	К	Ф	Ц	Л	М	Е
А	Й	С	Б	Е	Р	Г	Е	Я	Н	И	Т	С	У	П	Р
Н	К	Ъ	Ь	Л	Н	Б	Р	Ъ	Г	В	О	Н	О	С	О
И	Г	Е	Д	У	О	А	А	Р	Д	Н	У	Т	С	Н	А
Л	Ч	И	Р	Й	Е	С	Г	Е	Й	З	Е	Р	Т	П	Н
О	П	Л	А	Ж	Д	К	Т	К	Ж	Й	Ч	К	Р	Л	В
Д	В	О	Д	О	П	А	Д	Р	К	У	Щ	У	О	А	У
Ф	Н	К	Ъ	Л	Х	Ъ	Л	М	О	Б	Ф	Й	В	Н	Л
Ч	А	Ф	К	Щ	У	Р	Х	Ц	Ш	В	Л	М	С	И	К
Ш	О	А	З	И	С	В	А	Т	К	У	Ш	А	Х	Н	А
С	Б	Г	Х	И	Ъ	У	К	Б	К	Ч	Ш	Е	Т	А	Н
О	К	Е	А	Н	М	К	Ц	М	О	Р	Е	П	Ж	О	М
Ц	К	Т	Т	Г	Ю	А	Е	Е	К	Х	Ь	Б	Ф	Х	Х

ВОДОПАД
ХЪЛМ
ПУСТИНЯ
РЕКА
ГЕЙЗЕР
ЛЕДНИК
ПЕЩЕРА
АЙСБЕРГ
ОСТРОВ
ЕЗЕРО
МОРЕ
ПЛАНИНА
ОАЗИС
ОКЕАН
БЛАТО
ПОЛУОСТРОВ
ПЛАЖ
ТУНДРА
ДОЛИНА
ВУЛКАН

31 - Energia

Р	Ю	Е	Г	В	Е	Ю	П	Н	Б	Ф	Д	И	Е	С	Д
Р	Ъ	С	Н	Б	Ъ	Ю	Ю	Т	Р	О	М	Н	Л	Р	Х
Е	А	Л	Е	Т	А	Г	И	В	Д	Т	Ш	Д	Е	Е	Ф
Ш	Б	Х	Ж	Б	Р	Ф	Л	Л	Ц	О	Н	У	К	Д	Е
Р	М	О	Ш	Ю	Ч	О	К	Е	П	Н	Б	С	Т	А	Н
Г	Е	Ц	Щ	Ю	Н	Ж	П	З	Р	Г	Т	Т	Р	Г	А
К	Я	С	Ч	Ю	Щ	А	А	И	Ь	О	Н	Р	И	В	В
С	В	П	Р	П	Ь	К	Н	Д	Я	Р	Д	И	Ч	М	Я
Ч	О	В	И	Р	О	Г	И	Д	Ж	Ь	О	Я	Е	Ь	С
Й	Н	Н	И	З	Н	Е	Б	Ж	Р	Р	Ц	Х	С	Л	Р
Н	Б	О	Е	Л	Н	О	Р	Т	К	Е	Л	Е	К	Ъ	Ъ
В	О	Д	О	Р	О	Д	У	П	Ц	Ф	С	Ц	И	В	М
Ш	З	Ш	Н	Е	Д	Д	Т	Н	Т	О	П	Л	И	Н	А
Е	Ъ	Ц	В	А	Ф	Я	И	Р	Е	Т	А	Б	Щ	Г	З
Р	В	Р	Й	В	Я	Т	Ъ	Р	С	Ж	Т	П	А	Р	А
Г	Д	И	Т	Е	Й	С	Ш	Е	Л	В	У	О	Т	М	Щ

СРЕДА
БАТЕРИЯ
БЕНЗИН
ТОПЛИНА
ВЪГЛЕРОД
ГОРИВО
ДИЗЕЛ
ЕЛЕКТРИЧЕСКИ
ЕЛЕКТРОН
ЕНТРОПИЯ

ФОТОН
ВОДОРОД
ИНДУСТРИЯ
ЗАМЪРСЯВАНЕ
ДВИГАТЕЛ
ЯДРЕН
ВЪЗОБНОВЯЕМ
ТУРБИНА
ПАРА
ВЯТЪР

32 - Ristorante #2

Н	С	И	Й	Т	А	Щ	Н	Ц	Н	Г	О	П	Л	В	П
К	А	Е	В	О	Д	О	Л	П	Щ	Ш	К	Л	Ъ	О	О
Ш	Б	П	Р	Х	К	Щ	Ш	А	Л	Ф	В	Е	Ж	Д	Д
С	И	Ю	И	В	М	Я	Й	К	Ь	У	М	Д	И	А	П
Щ	Р	О	О	Т	И	Ю	Ш	Л	О	В	Ч	З	Ц	Я	Р
Щ	Я	Т	Ц	С	К	Т	М	У	Б	К	В	Е	А	К	А
Ъ	К	О	М	Х	Я	А	Ь	Р	Я	У	Е	Л	И	Ф	В
Ъ	Ц	Р	Ъ	Ь	Ч	П	Е	О	Д	С	Ч	Е	Д	О	К
Л	О	Т	С	О	Л	У	С	Л	Р	Е	Е	Н	Ю	Д	И
У	Н	А	Х	Е	Л	С	Й	Ъ	Ц	Н	Р	Ч	Н	Т	Р
Х	К	Й	Ц	К	Ш	Щ	Н	С	Ш	А	Я	У	П	Ш	И
Я	В	Д	Р	Й	Щ	П	И	Я	И	У	Ц	Ц	О	П	Ъ
К	Р	О	Ш	В	Я	Й	Й	Г	Ж	У	Ч	И	С	Т	Е
Р	Й	А	М	К	Р	Я	Ю	Е	Ш	Л	Ж	Ч	Ю	А	Я
Я	Й	Р	Л	Х	У	У	Л	У	Ф	Ъ	Н	Щ	Ъ	Л	У
Н	М	Й	М	С	А	Л	А	Т	А	В	И	Л	И	Ц	А

ВОДА
НАПИТКА
СЕРВИТЬОР
ВЕЧЕРЯ
ЛЪЖИЦА
ВКУСЕН
ВИЛИЦА
ПЛОДОВЕ
ЛЕД
САЛАТА
СУПА
РИБА
ОБЯД
СОЛ
СТОЛ
ПОДПРАВКИ
ТОРТА
ЯЙЦА
ЗЕЛЕНЧУЦИ

33 - L'Azienda

А	Д	Ь	П	Г	Ч	Г	Т	М	Щ	Ь	Х	Ъ	Щ	П	Е
Д	Р	С	Р	Л	Н	А	П	Р	Е	Д	Ъ	К	Ъ	Р	Т
Ъ	Я	Й	И	О	З	А	Е	Т	О	С	Т	С	Ш	О	Е
У	И	Й	Х	Б	Ф	Ю	П	Р	М	О	О	Г	Ю	Д	Н
З	Ц	Ч	О	А	И	Н	Д	У	С	Т	Р	И	Я	У	Д
К	А	Щ	Д	Л	К	Е	О	Ц	Ю	Р	Н	Н	Ц	К	Е
А	Т	П	И	Е	Д	А	Ь	Ц	Й	В	Е	Ж	А	Т	Н
Ч	У	Г	Л	Н	Н	О	В	А	Т	О	Р	С	К	И	Ц
Е	П	Ъ	Ц	А	Ф	Ю	Е	Д	И	Н	И	Ц	И	С	И
С	Е	Х	Е	Ж	Т	С	О	Н	Ж	О	М	З	Ъ	В	И
Т	Р	Ь	Ф	Ш	Я	И	Ц	А	Т	Н	Е	З	Е	Р	П
В	П	Р	О	Ф	Е	С	И	О	Н	А	Л	Е	Н	Г	М
О	Р	Е	Ш	Е	Н	И	Е	Р	И	С	К	О	В	Е	Й
И	Н	В	Е	С	Т	И	Ц	И	Я	Н	Ф	Г	Е	У	М
Т	В	О	Р	Ч	Е	С	К	И	С	Р	У	С	Е	Р	Л
Е	Ж	Н	Е	Ъ	Ю	Ф	П	В	Й	И	Щ	Я	Я	П	А

ТВОРЧЕСКИ
РЕШЕНИЕ
ГЛОБАЛЕН
ИНДУСТРИЯ
НОВАТОРСКИ
ИНВЕСТИЦИЯ
ЗАЕТОСТ
ВЪЗМОЖНОСТ
ПРЕЗЕНТАЦИЯ
ПРОДУКТ
ПРОФЕСИОНАЛЕН
НАПРЕДЪК
КАЧЕСТВО
ПРИХОДИ
РЕПУТАЦИЯ
РИСКОВЕ
РЕСУРСИ
ЗАПЛАТИ
ТЕНДЕНЦИИ
ЕДИНИЦИ

34 - Giardino

О	Х	Е	П	Г	Е	Т	Ц	Ю	Л	Ц	В	Ш	Ч	Й	П
Е	Р	Щ	Т	Л	Л	О	З	А	И	К	И	Р	Ф	Е	Л
Ц	А	Ъ	Р	Ч	Е	Р	Х	Г	Д	Ж	Ш	Д	А	О	В
И	С	Ъ	Е	Т	П	В	М	О	Й	П	Д	Л	П	К	Н
Л	Т	Ч	В	О	Щ	Ц	Е	А	Д	О	Л	И	И	Ъ	А
А	О	К	А	М	А	Х	Г	Л	Б	Ч	У	К	Р	А	М
К	Я	П	С	А	О	Т	Р	Ф	И	В	У	Я	Б	Ш	Ш
С	Ш	Ж	А	Р	А	Г	А	В	И	А	К	Й	Е	П	Е
Ш	Ц	Е	Р	Т	Д	Н	Д	Ъ	Ф	Д	И	К	Г	Р	В
Ц	Ъ	Щ	Е	Д	А	Н	И	Г	Б	Н	Ц	В	Е	Т	Е
Ш	Е	Ф	Т	Ж	Р	Т	Н	Н	П	А	П	А	Е	У	Я
Д	Ъ	Р	В	О	Г	Ъ	А	Ю	А	Р	А	А	В	Т	Г
Ц	Ъ	Н	Я	Т	О	К	Е	В	Я	Е	Т	И	Л	А	Б
Ж	И	К	Е	З	Е	Р	Ц	Е	Ч	В	М	Ъ	Й	Б	П
Ю	Ж	Щ	К	М	Ж	О	А	С	Е	Ч	Т	Ц	Я	О	А
М	Ш	А	У	Я	Ц	О	Ь	Х	Р	Ч	Х	У	В	С	Т

ДЪРВО
ХАМАК
ХРАСТ
ТРЕВА
ПЛЕВЕЛИ
ЦВЕТЕ
ГАРАЖ
ГРАДИНА
ЛОПАТА
ПЕЙКА
ВЕРАНДА
РАКА
ОГРАДА
СКАЛИ
ЕЗЕРЦЕ
ПОЧВА
ТЕРАСА
БАТУТ
МАРКУЧ
ЛОЗА

35 - Frutta

Ц	К	Ч	А	К	Ъ	Ь	Й	Ц	М	М	Ш	Ж	М	О	И
Н	У	Ф	В	И	И	О	Г	Т	П	П	А	Х	Р	Н	Я
Щ	Л	Ъ	О	П	Р	В	Ш	Ш	Ц	Б	У	Ь	О	И	Е
Л	С	Ю	К	Х	Е	Б	И	Ж	Ж	Я	Ц	Е	Ч	Х	Й
Ш	С	Щ	А	М	Б	Б	А	Н	А	Н	Г	А	Ю	Д	Г
Я	У	Я	Д	П	А	А	В	О	К	С	А	Р	П	Ъ	А
А	Б	Ш	О	Я	Д	Н	И	М	Ч	А	Ш	У	Р	К	Н
П	Т	Ъ	Ж	П	Ц	И	Л	И	С	Ш	Й	И	А	Л	А
А	Ъ	Ж	Л	И	Ь	Л	С	Л	М	Е	Ц	С	Н	А	Н
П	Р	Ж	Д	К	М	А	Н	Г	О	Р	П	У	И	П	А
Я	В	Г	Е	С	А	М	А	Г	Ш	Е	П	Ъ	П	Я	С
Н	Е	К	Т	А	Р	И	Н	Р	Г	Ч	А	Й	Ъ	Р	Х
О	Р	А	Н	Ж	Е	В	Д	О	Ц	Т	Ц	О	К	Ж	Ъ
Д	А	У	Н	Ж	Ц	Д	Й	З	Н	Е	Щ	Ж	Ъ	А	Ш
Л	К	Ц	Ъ	М	И	В	Ь	Д	Н	С	Ъ	А	Ь	Ф	П
Ю	М	Д	Ж	М	Т	Л	И	Е	Щ	Ш	Д	Н	И	И	Ц

КАЙСИЯ
АНАНАС
ОРАНЖЕВ
АВОКАДО
БЕРИ
БАНАН
ЧЕРЕША
КИВИ
МАЛИНА
ЛИМОН
МАНГО
ЯБЪЛКА
ПЪПЕШ
КЪПИНА
НЕКТАРИН
ПАПАЯ
КРУША
ПРАСКОВА
СЛИВА
ГРОЗДЕ

36 - Fattoria #2

Х	П	К	Б	Ъ	Х	К	С	У	Б	Я	Ю	К	Ц	Ф	С
К	Н	А	П	О	Я	В	А	Н	Е	Т	П	В	Ж	Ф	С
Ъ	Ц	С	М	К	Я	Г	Ш	Ю	Н	Ч	Ш	Д	Т	Ь	Щ
Л	А	М	А	Я	Ч	Щ	Щ	Ж	Г	Г	Е	В	Щ	А	С
О	М	Ю	В	Л	Н	А	Д	П	А	Е	Н	О	Г	Х	Ф
В	Й	У	Г	М	Ь	П	Д	Ч	М	Ж	И	Ч	В	А	У
Т	Р	А	К	Т	О	Р	Ъ	А	В	Ю	Ц	Ъ	М	Ц	Р
К	П	Й	Ш	П	Л	О	Д	О	В	Е	А	В	Й	П	А
К	Л	Ф	Г	Ш	И	Х	Х	А	Ц	И	В	Е	Р	А	Ц
О	Е	М	Е	Ч	Б	Ж	Р	Б	М	Н	Л	С	А	Т	Е
Ш	В	Т	Ж	Р	С	А	А	Ф	Й	Т	Ш	Ц	Ч	И	Ч
Е	Н	Ж	И	Л	М	Б	Н	В	Д	О	О	Ж	В	Ц	Е
Р	Я	Д	Ц	С	Ф	Е	А	Щ	Ь	В	Ь	Ъ	О	А	М
Ц	Ц	Р	А	А	О	Е	Р	Щ	И	И	К	С	Ъ	Г	И
Й	З	Е	Л	Е	Н	Ч	У	К	Г	Ж	Т	Й	Ш	У	К
С	К	К	Щ	В	Ф	К	У	Х	С	Й	Ц	С	И	Ц	К

АГНЕ
ФЕРМЕР
КОШЕР
ПАТИЦА
ЖИВОТНИ
ХРАНА
ПЛЕВНЯ
ПЛОДОВЕ
ПШЕНИЦА
НАПОЯВАНЕ
ЛАМА
МЛЯКО
ЦАРЕВИЦА
ГЪСКИ
ЕЧЕМИК
ОВЧАР
ОВЦА
ЛИВАДА
ТРАКТОР
ЗЕЛЕНЧУК

37 - Verdure

Г	Ъ	Б	А	А	Д	С	Я	Н	Т	У	Ь	К	Е	О	Ю
Ф	М	Б	Я	Х	В	П	Н	Т	И	О	Ъ	Р	Г	К	Р
У	Л	М	М	Ш	Ь	А	М	Т	В	А	Т	А	Л	А	С
Ч	Е	С	Ъ	Н	М	Н	Л	Д	Ь	А	Ш	С	Щ	Р	Ч
Ь	Ш	Т	Т	М	О	А	В	К	И	Т	М	Т	И	Т	П
Г	К	П	Я	Х	Р	К	Г	Л	У	К	Д	А	Ъ	О	А
А	Й	Е	Я	Ш	К	Р	Щ	П	Н	Й	Ш	В	Ш	Ф	Т
К	Р	У	Й	У	О	Ц	Я	И	Ч	Т	И	И	А	И	Л
Ч	М	Т	Г	М	В	Й	Т	Н	П	К	Х	Ц	Л	Й	А
И	А	А	И	Л	О	К	О	Р	Б	Г	Х	А	О	Г	Д
П	Ф	М	Г	Ш	Л	М	Ц	Е	Л	И	Н	А	Т	Щ	Ж
Е	Щ	О	Ю	Д	О	Ь	Р	Щ	Л	Ж	О	И	Р	Л	А
Р	К	Д	У	Ш	А	К	Ж	Ю	У	В	Е	Б	Ь	Г	Н
Л	И	Ф	И	Ж	Д	Н	И	Ж	Д	Д	Ш	Г	Р	Т	Е
Ъ	Б	Л	Г	Ю	Г	П	О	В	Л	Г	Р	Я	П	А	Ч
Ж	А	Ч	Б	Ю	Ш	А	Н	З	Ц	Е	М	Я	У	Ж	У

ЧЕСЪН
БРОКОЛИ
АРТИШОК
МОРКОВ
КРАСТАВИЦА
ЛУК
ГЪБА
САЛАТА
ПАТЛАДЖАН
КАРТОФИ
ГРАХ
ДОМАТ
МАГДАНОЗ
РЯПА
РЕПИЧКА
ШАЛОТ
ЦЕЛИНА
СПАНАК
ДЖИНДЖИФИЛ
ТИКВА

38 - Musica

П	А	Д	Б	И	И	М	Л	Р	О	Л	В	И	М	Ъ	Г
Я	Н	Е	Ч	И	Р	И	Л	Х	О	Р	О	Н	У	Ч	Н
С	Е	Щ	Ф	З	А	П	И	С	Л	Ч	К	С	З	Е	Ц
А	Л	Б	У	М	Р	Д	П	Г	Ш	М	А	Т	И	Р	Е
И	А	О	П	М	Е	Т	А	Е	Е	П	Л	Р	К	Т	Ц
О	К	Х	Д	Х	П	И	Ц	Л	В	Ь	Х	У	А	Д	А
Р	И	А	Л	Г	О	К	У	Ю	А	Е	П	М	Н	П	Х
И	З	М	И	К	Р	О	Ф	О	Н	Б	Ц	Е	Т	О	А
Т	У	М	Е	Л	О	Д	И	Я	Й	К	Ц	Н	Р	Е	Р
М	М	К	Л	А	С	И	Ч	Е	С	К	И	Т	И	Т	М
И	Ъ	Р	Ъ	Щ	Ц	Ж	Й	П	Ю	К	Т	Г	Т	И	О
Ч	Ф	И	У	Ъ	В	Ф	Т	Ч	М	Ч	Ж	Ф	Ъ	Ч	Н
Е	Ц	Й	Ч	Г	Е	Ж	Й	Е	Ь	Н	Л	Ъ	М	Е	И
Н	В	Ц	Н	Ъ	Л	Р	Д	Л	Ф	Е	У	К	У	Н	Я
Ь	Е	С	Н	К	Щ	Ф	Ц	У	Ж	Ш	Ф	Ъ	Е	Т	О
С	Р	В	Ж	Г	Л	Й	В	Ю	О	Х	Ф	Н	Д	А	П

АЛБУМ
ХАРМОНИЯ
БАЛАДА
ПЕВЕЦ
ПЕЯ
КЛАСИЧЕСКИ
ХОР
ЛИРИЧЕН
МЕЛОДИЯ
МИКРОФОН
МУЗИКАЛЕН
МУЗИКАНТ
ОПЕРА
ПОЕТИЧЕН
ЗАПИС
РИТМИЧЕН
РИТЪМ
ИНСТРУМЕНТ
ТЕМПО
ВОКАЛ

39 - Barbecue

У	Ь	Ю	Ч	М	К	Ю	С	У	Ф	Г	Б	Ф	Ч	Л	П
Ф	Ц	Д	С	Д	Н	Я	Щ	Ч	Щ	П	Л	О	С	Я	И
Н	Ж	О	У	Н	М	Ш	Б	Ц	О	Д	Ч	А	Щ	Т	П
Б	О	Н	Й	К	Я	Щ	Ж	Ч	Ч	Т	Н	Й	Д	О	Е
П	В	Ж	Д	Б	Ц	Ь	О	Р	Щ	Е	Б	Е	Я	О	Р
Ц	Т	Ч	О	Ш	Х	О	Е	М	Б	Ч	Ь	Я	Б	В	С
Г	С	Е	Щ	В	Ш	Ь	Д	У	Е	Щ	Е	Р	О	Г	К
Н	Й	Я	Я	Д	Е	Л	Ж	З	М	Т	Л	Е	Д	Б	А
Д	Е	В	О	Д	О	Л	П	И	Я	Х	И	Ч	Ш	Д	Р
Е	М	Ю	У	И	Г	Р	И	К	Ж	Е	П	Е	Х	Л	А
Ф	Е	Б	Ъ	Т	Т	Й	У	А	Б	Я	Л	В	Н	О	Р
Ш	С	Ю	Е	А	Н	А	Р	Х	С	О	С	Я	Н	Ю	Й
А	Л	О	Р	Л	Б	Ъ	М	Й	Ч	Г	Д	Ь	Н	К	Ю
С	А	Ф	Щ	А	Н	А	К	О	П	У	Я	Д	Ж	У	И
Р	Ш	Е	Д	С	Щ	Ю	Я	Ч	Д	Ф	Л	Ц	Т	А	Ъ
Ь	Д	Ь	Щ	С	Я	Л	Ь	Х	А	В	Л	У	К	Р	К

ГОРЕЩ
ВЕЧЕРЯ
ХРАНА
ЛУК
НОЖОВЕ
ЛЯТО
ГЛАД
СЕМЕЙСТВО
ПЛОДОВЕ
ИГРИ
СКАРА
САЛАТИ
ПОКАНА
МУЗИКА
ПИПЕР
ПИЛЕ
ДОМАТИ
ОБЯД
СОЛ
СОС

40 - Riempire

О	Ф	Д	Н	М	Ш	Е	Ъ	Я	Ъ	А	Р	К	В	В	П
Л	Р	У	Е	Я	И	Т	У	К	Щ	А	Я	Г	У	А	Л
П	А	П	К	А	Ш	Ю	Ъ	Ь	Ю	С	Ф	Л	У	Н	И
Ш	З	Б	М	Ш	Е	Ж	Д	Е	М	К	Е	Ч	К	А	К
Е	А	А	Ъ	Ч	Ю	В	Е	Ф	У	Р	Х	Щ	У	В	Щ
К	В	Р	Ъ	Р	Ь	Е	Ч	Ф	Ш	К	У	А	Ф	А	Д
Ч	Р	О	Ч	Ж	Т	Н	П	Ш	Я	О	Щ	Ц	А	Т	В
О	И	К	Л	Ч	П	А	К	Е	Т	Ф	Я	Д	Р	Д	Ь
Н	Ч	Й	Я	Ч	Д	Ц	Т	Д	У	А	Ь	Н	Ж	Ь	Ш
Х	Н	Ш	Ш	Т	П	И	Н	Н	Ю	Щ	И	Ш	Ю	О	Ь
П	Т	Б	Н	Х	М	Н	Т	Ъ	А	Ф	Ш	Б	В	Ю	Б
Ъ	Л	А	Ф	Ж	Г	Ш	И	У	Я	Ч	Ц	Е	В	Е	Щ
В	Я	С	Ъ	Ц	И	О	Р	Г	Й	Е	У	Ю	Н	Я	А
Р	Ч	Е	Х	Ч	Л	К	Х	У	Й	Е	Я	О	Х	Ю	Й
У	М	Й	Т	А	Д	Н	И	Ю	В	В	Ш	Ъ	Ю	Ф	Г
Ш	У	Н	Ф	Х	Ж	Ш	Ф	С	Ь	Ш	Б	Ж	Ш	Ш	А

БАСЕЙН
ЦЕВ
ЧАНТА
ШИШЕ
ПЛИК
ПАПКА
ЩАЙГА
ЧЕКМЕДЖЕ
КОШНИЦА
КОРАБ
ПАКЕТ
КУТИЯ
КОФА
ДЖОБ
ТРЪБА
КУФАР
ВАНА
ВАЗА
ТАВА

41 - Insetti

Ъ	Е	Ч	Н	О	К	О	Н	Д	О	В	Л	Ъ	Щ	А	Б
Р	Ж	У	Н	С	А	М	О	Л	Е	Ц	А	Л	А	Ч	Р
Б	С	Ш	Т	Е	Л	Ч	Е	Р	В	Е	Й	В	Г	Л	Ъ
Ц	О	Б	К	Д	И	Ш	Ъ	В	Щ	С	Б	Л	Ф	П	М
С	И	Г	М	П	Н	О	Ф	Ю	Ж	К	Л	Е	Г	Ъ	Б
Щ	Ц	К	О	М	К	Е	Х	Ч	Ц	А	К	Ш	Ъ	В	А
Ч	Л	Ь	А	М	А	Ю	Ц	Ю	О	К	М	Р	Д	У	Р
И	А	К	Й	Д	О	С	Ф	Ш	Н	А	Р	Ъ	П	Ш	Х
Ъ	Р	Ъ	Н	В	А	Л	Е	Ч	П	Л	А	Т	И	Щ	Л
Р	В	К	О	М	А	Р	К	И	Т	Е	В	С	Н	У	Е
Д	А	Ю	Ю	Ь	О	А	Н	А	Й	Ц	К	Л	Ч	Ч	Б
Б	Ъ	Л	Х	А	К	С	С	М	Г	И	А	В	В	Р	А
В	Р	Ч	Т	А	Ф	Ц	А	Д	У	Р	Е	П	Е	П	Р
Т	Е	Р	М	И	Т	В	Щ	И	Е	Р	О	У	Д	М	К
У	Г	М	Н	В	В	Ж	Р	Я	Д	Д	Н	Ф	Т	Д	А
К	Ч	Ю	Ц	В	Х	Ф	Р	О	И	Ш	Т	В	Б	М	В

ВЪШКА
ПЧЕЛА
СТЪРШЕЛ
СКАКАЛЕЦ
ЦИКАДА
КАЛИНКА
БРЪМБАР
МОЛЕЦ
ПЕПЕРУДА
МРАВКА
ЛАРВА
ВОДНО КОНЧЕ
БОГОМОЛКА
БЪЛХА
ХЛЕБАРКА
ТЕРМИТ
ЧЕРВЕЙ
ОСА
КОМАР

42 - Fisica

Л	В	Ю	В	О	Т	Ь	Г	Ъ	Ш	Ф	Ч	И	Ц	У	О
М	О	Л	Е	К	У	Л	А	Т	О	Т	С	Е	Ч	Н	Т
Г	Ь	Е	Б	Б	Н	Ю	М	У	Х	П	О	Н	О	И	Н
Ф	Ш	Т	Г	М	Г	О	Н	Ч	Щ	Ю	А	А	Е	В	О
Ч	В	А	П	Л	Ъ	Т	Н	О	С	Т	Х	В	Х	Е	С
Д	Ч	Г	Ь	П	Г	А	З	Р	Г	Р	Т	Я	В	Р	И
Н	К	И	К	С	Е	Ч	И	М	И	Х	А	Р	В	С	Т
Ч	Р	В	Д	Х	Е	Ю	Ч	Ц	Я	П	Т	И	П	А	Е
Я	А	Д	М	Е	Х	А	Н	И	К	А	О	Ш	Н	Л	Л
Х	Л	С	У	В	Ь	А	Л	И	О	Щ	М	З	Ж	Е	Н
Й	У	О	Т	П	П	Г	Ю	У	Ц	С	Ъ	А	Е	Н	О
Ж	М	Ъ	З	И	Т	Е	Н	Г	А	М	У	Р	Н	Щ	С
Ш	Р	Д	Я	И	Ц	А	Т	И	В	А	Р	Г	К	Т	Т
О	О	А	В	К	Ш	А	У	С	К	О	Р	Е	Н	И	Е
Р	Ф	С	К	О	Р	О	С	Т	Ф	Ф	Р	Ж	Е	Ж	Й
Я	Д	Р	Е	Н	О	Р	Т	К	Е	Л	Е	Ж	У	Ю	Ж

УСКОРЕНИЕ
АТОМ
ХАОС
ХИМИЧЕСКИ
ПЛЪТНОСТ
ЕЛЕКТРОН
РАЗШИРЯВАНЕ
ФОРМУЛА
ЧЕСТОТА
ГАЗ
ГРАВИТАЦИЯ
МАГНЕТИЗЪМ
МЕХАНИКА
МОЛЕКУЛА
ДВИГАТЕЛ
ЯДРЕН
ЧАСТИЦА
ОТНОСИТЕЛНОСТ
УНИВЕРСАЛЕН
СКОРОСТ

43 - Agronomia

О	М	Т	З	Й	Б	Ц	Б	Г	Ж	К	Я	Р	Ш	С	С
Р	Я	И	Ц	А	К	И	Ф	И	Т	Н	Е	Д	И	Р	Е
Г	Щ	Т	Л	Щ	Б	Х	Р	А	Н	А	С	Л	Н	Е	М
А	О	В	Т	С	Д	О	В	З	И	О	Р	П	Х	Д	Е
Н	Т	З	Х	Я	Б	Ж	Л	К	И	Х	О	Л	Ш	А	Н
И	О	Е	З	У	В	Т	Ь	Я	И	Г	Р	Е	Н	Е	А
Ч	Р	М	А	Р	Г	Е	Б	И	В	С	Е	Л	С	К	И
Н	М	Е	М	Е	А	Р	Н	З	Й	А	В	Ч	О	П	Ъ
И	Ъ	Д	Ъ	С	К	С	Е	О	Ф	В	Н	Ж	И	Ж	С
Ф	Ч	Е	Р	И	У	О	Т	Р	Л	О	И	И	Р	Л	Ф
Л	М	Л	С	С	А	М	Л	Е	С	Д	У	К	Я	Й	И
Ч	Ч	И	Я	Т	Н	Б	Щ	О	Ж	А	Ч	Б	Ъ	Ш	С
Д	Ч	Е	В	Е	Ц	К	Я	Ю	Г	А	Ь	О	Ь	Ш	Е
Й	Ъ	Ф	А	М	М	Л	И	К	Ь	И	К	И	Ч	С	Х
Т	Ь	Н	Н	И	Р	Щ	Ц	А	Ю	Г	Я	И	Л	Е	Я
Й	П	Ч	Е	Н	А	В	Д	Е	Л	С	З	И	Т	Ц	Ъ

ВОДА
ЗЕМЕДЕЛИЕ
СРЕДА
ХРАНА
РАСТЕЖ
ЕКОЛОГИЯ
ЕНЕРГИЯ
ЕРОЗИЯ
ТОР
ИДЕНТИФИКАЦИЯ
ЗАМЪРСЯВАНЕ
ЗАБОЛЯВАНИЯ
ОРГАНИЧНИ
ПРОИЗВОДСТВО
ИЗСЛЕДВАНЕ
СЕЛСКИ
НАУКА
СЕМЕНА
СИСТЕМИ
ПОЧВА

44 - Erboristeria

О	К	Т	Ю	Ь	Ц	Ь	Ъ	Х	С	Ж	К	Т	А	Ц	Д
Х	У	Б	Ц	А	К	В	А	Т	С	Ъ	С	М	Ъ	П	Р
Ъ	Ъ	Л	Е	И	У	К	О	П	Ъ	Р	И	Б	Х	Г	Й
М	Ч	В	Х	Б	Л	Л	А	В	А	Н	Д	У	Л	А	М
М	Л	Л	К	Н	И	Р	А	М	З	О	Р	С	Ш	К	У
Й	Е	Й	З	О	Н	А	Д	Г	А	М	Ц	В	Е	Т	Е
Г	Ч	Н	О	Г	А	Р	Т	С	Е	Ц	Д	Щ	С	А	Ш
Щ	Ж	В	Т	В	Р	Ъ	Д	Н	А	И	Р	О	К	Р	З
Ю	Щ	Щ	А	А	Е	Ц	А	Ш	Ш	Н	О	В	Ф	О	Е
Г	М	Д	Й	Ъ	Н	Ю	В	К	Е	С	Б	Т	Д	М	Л
Б	Р	Р	И	Г	А	Н	Ц	Ю	Р	Ю	Ц	С	Д	А	Е
Х	А	А	Р	А	С	Т	Е	Н	И	Е	Х	Е	А	Т	Н
Х	Ю	Т	Д	Ю	П	У	Ж	Ф	Б	Д	Щ	Ч	Г	Е	Ъ
Ц	Щ	М	Й	И	Ф	А	У	Ю	Я	Ч	У	А	Н	Н	С
Л	Й	П	Ь	Ь	Н	А	Р	Ф	А	Ш	Щ	К	М	Ц	Е
Ю	М	Т	В	Х	И	А	Б	О	С	И	Л	Е	К	Ч	Ч

ЧЕСЪН
АРОМАТЕН
БОСИЛЕК
КОРИАНДЪР
КУЛИНАРЕН
ЕСТРАГОН
КОПЪР
ЦВЕТЕ
ГРАДИНА
СЪСТАВКА
ЛАВАНДУЛА
РИГАН
МЕНТА
РАСТЕНИЕ
МАГДАНОЗ
КАЧЕСТВО
РОЗМАРИН
МАЩЕРКА
ЗЕЛЕН
ШАФРАН

45 - Danza

Т	Р	А	Д	И	Ц	И	О	Н	Е	Н	Т	Ц	Е	П	Р
А	И	К	С	Е	Ч	И	С	А	Л	К	Я	Я	Щ	О	А
Д	М	З	Н	Н	Щ	Д	Щ	Н	Е	О	Л	Ч	Л	З	Д
О	В	Я	К	Ш	И	Ж	Г	Х	И	М	О	И	Ч	А	О
Г	И	И	Х	У	Й	У	Г	Т	Ц	Ъ	О	Ф	Щ	Й	С
А	З	М	Ж	Д	С	Т	О	Б	Ц	Т	Г	Ц	Я	У	Т
Л	Р	Е	Щ	Е	М	Т	Ш	М	Е	И	Б	Ь	И	Я	Е
Б	А	Д	К	Ь	Н	Ф	В	Х	Д	Р	Т	Ь	Ф	Я	Н
М	З	А	Ф	Н	Ж	И	С	О	Р	Т	Щ	Щ	А	Ц	Н
У	И	К	Й	Ч	Н	Щ	Е	К	У	Л	Т	У	Р	Е	Н
З	Т	А	Р	Е	П	Е	Т	И	Ц	И	Я	Л	Г	Д	Ъ
И	Е	П	А	Р	Т	Н	Ь	О	Р	Ю	Е	А	О	Ц	Ц
К	Л	К	У	Л	Т	У	Р	А	Й	Ф	Ъ	Й	Е	С	С
А	Е	В	И	З	У	А	Л	Е	Н	К	Ф	Щ	Р	Х	Х
Д	Н	Р	Е	Ш	И	Ю	Р	Д	Г	Ъ	Т	Ь	О	Ф	Х
Б	Б	Ю	А	Щ	Ь	У	Г	Т	Е	Ь	Х	И	Х	Д	У

АКАДЕМИЯ
ИЗКУСТВО
КЛАСИЧЕСКИ
ПАРТНЬОР
ХОРЕОГРАФИЯ
ТЯЛО
КУЛТУРА
КУЛТУРЕН
ЕМОЦИЯ
ИЗРАЗИТЕЛЕН
РАДОСТЕН
БЛАГОДАТ
ДВИЖЕНИЕ
МУЗИКА
ПОЗА
РЕПЕТИЦИЯ
РИТЪМ
ТРАДИЦИОНЕН
ВИЗУАЛЕН

46 - Biologia

Б	И	Д	Л	Ж	П	Ъ	Ц	Ю	Б	М	О	И	Й	Ь	С
Л	О	Р	Л	У	П	У	Щ	К	А	К	Т	Е	Л	К	И
С	Р	З	Ш	О	Ь	Я	Х	Ж	К	Е	А	Л	А	И	Н
Р	М	П	А	Д	В	К	С	Ь	Т	Щ	Щ	А	З	Й	А
Я	К	К	П	Й	Г	Ь	Х	Н	Е	Г	А	Л	О	К	П
Д	Я	О	Х	С	Н	Н	О	И	Р	Б	М	Е	И	Я	С
Ч	М	Г	Ц	П	Ж	И	Е	У	И	Т	Ъ	Л	Б	Ф	У
П	И	У	Я	М	Й	Л	К	В	И	Х	О	Р	М	О	Н
Р	З	Ч	Т	Е	Й	Я	Ю	П	Р	Ъ	Ь	Ж	И	Б	Е
О	Н	Е	О	А	М	О	З	О	М	О	Р	Х	С	Ж	Д
Т	Е	Л	С	Ъ	Ц	А	Ъ	Е	Л	Б	Н	Ш	Б	О	О
Е	Ш	В	М	С	Й	И	Х	Г	К	У	Б	Ш	М	Ш	Р
И	У	Р	О	Ю	К	Ф	Я	И	М	О	Т	А	Н	А	И
Н	Щ	Е	З	Е	В	О	Л	Ю	Ц	И	Я	Ф	Р	Б	Р
А	Щ	Н	А	Ф	О	Т	О	С	И	Н	Т	Е	З	А	П
Ц	Е	Ь	Л	Р	С	Щ	Т	Д	О	Х	Ю	О	К	Р	Ь

АНАТОМИЯ
БАКТЕРИИ
КЛЕТКА
КОЛАГЕН
ХРОМОЗОМА
ЕМБРИОН
ЕНЗИМ
ЕВОЛЮЦИЯ
ФОТОСИНТЕЗА
БОЗАЙНИК
МУТАЦИЯ
ПРИРОДЕН
НЕРВ
НЕВРОН
ХОРМОН
ОСМОЗА
ПРОТЕИН
ВЛЕЧУГО
СИМБИОЗА
СИНАПС

47 - Attività Commerciale

О	И	К	О	Т	С	Б	Ж	Ш	Ш	Б	Ъ	Р	Ю	К	С
Т	Н	П	Ъ	Б	Ц	Ю	Ш	И	Ш	Ш	Ц	Й	Ъ	А	Л
С	В	П	П	Ш	Ж	Д	Ц	Я	А	М	Р	И	Ф	Р	У
Т	Е	Е	М	У	Й	Ж	С	С	К	Т	Л	У	В	И	Ж
Ъ	С	Ч	А	Щ	Т	Е	И	Ц	И	Ч	У	Х	Б	Е	И
П	Т	А	Н	Е	Ц	Т	Ф	О	М	С	Я	Л	Й	Р	Т
К	И	Л	Е	Т	А	Д	О	Т	О	Б	А	Р	А	А	Е
А	Ц	Б	М	А	Г	А	З	И	Н	П	А	Р	И	В	Л
А	И	А	Ж	Я	Я	Л	Р	М	О	Ь	Б	Ж	Т	Ц	И
Ф	Я	С	В	Щ	С	Ъ	Я	Д	К	Х	Ж	С	Ъ	М	В
Б	А	Н	Н	В	Б	Ш	Д	О	И	Ь	А	Ь	Щ	Н	Ч
Ф	К	Б	Ч	А	Д	Ф	Й	Х	Л	Х	Д	Л	Ю	Г	Щ
А	Ц	Л	Р	Л	Н	Ц	Е	О	Ъ	Ь	О	К	Ф	Ч	Н
Г	Х	Д	Л	И	Ъ	И	Д	Д	Ж	М	Р	Р	Ц	Щ	В
П	Ъ	Ф	Ч	Ц	К	И	Ф	В	У	С	П	С	О	Д	С
И	Г	Я	И	Ц	К	А	З	Н	А	Р	Т	Щ	Л	Н	Я

БЮДЖЕТ
КАРИЕРА
ЦЕНА
РАБОТОДАТЕЛ
СЛУЖИТЕЛ
ИКОНОМИКА
ФАБРИКА
ФИНАНСИ
ИНВЕСТИЦИЯ
СТОКИ
МАГАЗИН
ПЕЧАЛБА
ДОХОД
ОТСТЪПКА
ФИРМА
ПАРИ
ТРАНЗАКЦИЯ
ОФИС
ВАЛУТА
ПРОДАЖБА

48 - Fiori

Ф	Ю	Р	Г	Н	О	Е	У	Щ	Ц	П	Б	Б	Д	Я	Л
Д	А	Я	А	Я	А	Ю	И	Т	Ш	Н	Й	Щ	Е	Ч	А
Ш	Г	О	Р	Ц	Ж	Р	Ш	Й	Ш	Г	У	Щ	Л	С	В
Ч	О	Ъ	Д	Щ	Щ	Щ	Ц	Ч	Р	Д	Ж	Д	Г	О	А
Л	Ъ	М	Е	О	Д	В	Д	И	Н	У	Д	Л	О	Ъ	Н
Ю	М	Б	Н	Е	В	Е	Н	Я	С	М	Ч	Я	Ч	Я	Д
Л	А	Н	И	Л	Е	Т	Е	Д	Ф	Н	Ъ	Б	Н	М	У
Я	К	Ж	Я	И	Л	И	Л	Ф	Ж	Й	М	Ю	Ъ	Т	Л
К	К	Р	Ч	Я	А	Й	Е	Ч	Р	А	Х	У	Л	Г	А
Г	Ь	К	И	Е	Л	Б	У	К	Е	Т	С	В	С	Е	О
Г	Б	С	О	Д	Р	У	Ж	О	Б	О	Ш	М	У	П	Ц
Й	Ъ	Ю	Я	И	Л	О	Н	Г	А	М	К	Л	И	Ж	Ц
Ь	Ц	П	Ю	Х	П	Е	З	Щ	Р	Ц	Ш	Т	С	Н	Я
А	К	Т	И	Р	А	Г	Р	А	М	Й	Г	Ш	Р	Б	В
В	И	О	Б	О	Х	И	Б	И	С	К	У	С	Ю	И	Ю
В	Е	Н	Ч	Е	Л	И	С	Т	Ч	Е	И	Н	Ю	Я	Ц

НЕВЕН
ГЛУХАРЧЕ
ГАРДЕНИЯ
ЖАСМИН
ЛИЛИЯ
СЛЪНЧОГЛЕД
ХИБИСКУС
ЛАВАНДУЛА
ЛЮЛЯК
МАГНОЛИЯ

МАРГАРИТКА
БУКЕТ
НАРЦИС
ОРХИДЕЯ
МАК
БОЖУР
ВЕНЧЕЛИСТЧЕ
РОЗА
ДЕТЕЛИНА
ЛАЛЕ

49 - Ecologia

Е	Н	В	О	М	П	О	Т	А	Л	Б	Т	Ф	К	Ш	Г
С	Ю	М	Б	Л	В	И	Ц	Л	О	В	О	Р	Б	О	Д
О	М	С	Щ	Д	Я	О	Н	Е	Д	О	Р	И	Р	П	Р
Б	Ф	Ц	Н	Ъ	Т	Й	Ц	Ь	Л	У	О	Я	Ш	Й	О
О	Ж	Ш	О	И	И	Б	Б	Ж	А	Я	Г	Г	Х	В	Ц
Х	Щ	Е	С	Л	К	Е	Б	Б	Я	Щ	В	Ф	Е	Ь	Ф
У	В	Х	Т	У	И	С	Р	У	С	Е	Р	А	Д	Г	А
Р	Р	Я	И	А	Д	О	Р	И	Р	П	А	Д	Н	Б	У
М	А	Е	И	З	А	Р	Б	О	О	Н	З	А	Р	Е	Н
Ф	Ш	С	Л	Ю	Я	Т	У	Н	М	М	Н	Г	Я	Я	А
Л	У	У	Т	К	Л	И	М	А	Т	Е	Л	А	А	К	А
О	С	Л	К	Е	Ю	У	С	Т	О	Й	Ч	И	В	В	Ф
Р	И	Х	Щ	Ш	Н	Г	Л	О	Б	А	Л	Е	Н	И	Ф
А	Г	Д	Г	О	Е	И	Н	И	Н	А	Л	П	Х	Д	М
У	Д	Й	Е	Х	И	Ц	Я	Л	Л	Г	С	Ь	Ш	Й	А
Р	А	С	Т	И	Т	Е	Л	Н	О	С	Т	Щ	Т	Д	Ш

КЛИМАТ
ОБЩНОСТИ
РАЗНООБРАЗИЕ
ФАУНА
ФЛОРА
ГЛОБАЛЕН
МОРСКИ
ПЛАНИНИ
ПРИРОДА
ПРИРОДЕН
БЛАТО
РАСТЕНИЯ
РЕСУРСИ
СУША
ОЦЕЛЯВАНЕ
УСТОЙЧИВ
ВИД
СОРТ
РАСТИТЕЛНОСТ
ДОБРОВОЛЦИ

50 - Discipline Scientifiche

З	О	О	Л	О	Г	И	Я	А	К	И	Н	А	Т	О	Б
Л	И	Н	Г	В	И	С	Т	И	К	А	А	С	Й	А	М
Б	И	О	Л	О	Г	И	Я	Ч	В	Й	Ч	Т	Л	Н	Е
Н	Й	Т	Ж	Д	М	Ъ	Я	Г	Ч	Е	Щ	Р	Ж	А	Т
Й	Х	Е	Ч	Й	Е	Ц	И	Я	В	М	Ф	О	М	Т	Е
Ф	С	А	У	Я	К	Ч	Г	И	Я	Ф	С	Н	И	О	О
Е	Б	Б	Т	Ю	Ц	Г	О	Г	И	Я	Ъ	О	Н	М	Р
М	К	Ф	И	З	И	О	Л	О	Г	И	Я	М	Е	И	О
М	Е	О	Ж	В	Н	Ж	О	Л	О	Г	И	И	Р	Я	Л
Ж	Ж	Х	Л	С	Щ	Ь	Р	О	Л	О	Г	Я	А	И	О
Г	Ъ	У	А	О	Б	А	В	И	О	Л	О	О	Л	М	Г
М	М	М	Д	Н	Г	К	Е	Ц	Е	О	Л	Ъ	О	И	И
Ч	Д	Л	Д	Х	И	И	Н	О	Х	Х	О	М	Г	Х	Я
Х	И	М	И	Я	Н	К	Я	С	Р	И	Е	Х	И	О	Ю
А	И	Ч	Ж	Ш	Ь	Т	А	Е	А	С	Г	Д	Я	И	Г
И	М	У	Н	О	Л	О	Г	И	Я	П	Ъ	Ч	Я	Б	Ш

АНАТОМИЯ
АРХЕОЛОГИЯ
АСТРОНОМИЯ
БИОХИМИЯ
БИОЛОГИЯ
БОТАНИКА
ХИМИЯ
ЕКОЛОГИЯ
ФИЗИОЛОГИЯ
ГЕОЛОГИЯ
ИМУНОЛОГИЯ
ЛИНГВИСТИКА
МЕХАНИКА
МЕТЕОРОЛОГИЯ
МИНЕРАЛОГИЯ
НЕВРОЛОГИЯ
ПСИХОЛОГИЯ
СОЦИОЛОГИЯ
ЗООЛОГИЯ

51 - Scienza

Х	Г	Х	А	Й	Д	И	К	С	Е	Ч	И	М	И	Х	Г
Ц	М	Г	Л	Т	Х	Д	Ч	Д	В	Ж	Л	Х	К	Ч	А
О	Р	Г	А	Н	И	З	Ъ	М	О	Б	А	Ъ	Я	Ч	Л
Ч	Я	Ч	Р	Е	А	Ю	М	Ж	Л	Т	Р	Н	У	К	А
У	Ч	Ж	Е	М	Ш	Т	Б	К	Ю	Е	Е	И	Ж	Щ	Б
Щ	Ю	Е	Н	И	Ц	Щ	О	О	Ц	М	Н	М	В	Ч	О
Щ	А	М	И	Р	Ь	О	А	М	И	Й	И	Л	М	У	Р
О	З	В	М	Е	В	Р	Т	Л	Я	С	М	О	Т	Й	А
Щ	Е	К	Ь	П	Г	Р	А	В	И	Т	А	Ц	И	Я	Т
Ф	Т	Й	А	С	Х	П	М	Ф	У	Ч	Д	Л	Ш	Ф	О
М	О	Л	Е	К	У	Л	И	А	Ч	А	О	Ь	Х	Ф	Р
Д	П	Е	Ъ	Е	И	Ч	Л	К	Е	С	Р	Щ	Ж	Л	И
Т	И	Ф	Ь	Щ	М	З	К	Т	Н	Т	И	К	Е	Т	Я
Р	Х	Д	А	Н	Н	И	И	М	Х	И	Р	Г	У	Й	Г
Г	Ч	О	Т	Н	Ф	Х	Т	Ф	Ш	Ц	П	П	Ч	П	В
Н	А	Б	Л	Ю	Д	Е	Н	И	Е	И	Л	О	Ч	К	И

АТОМ
ХИМИЧЕСКИ
КЛИМАТ
ДАННИ
ЕКСПЕРИМЕНТ
ЕВОЛЮЦИЯ
ФАКТ
ФИЗИКА
МИНЕРАЛ
ГРАВИТАЦИЯ
ХИПОТЕЗА
ЛАБОРАТОРИЯ
МЕТОД
МИНЕРАЛИ
МОЛЕКУЛИ
ПРИРОДА
ОРГАНИЗЪМ
НАБЛЮДЕНИЕ
ЧАСТИЦИ
УЧЕН

52 - Acqua

О	Г	Л	И	Н	О	С	У	М	Д	Я	Р	Т	У	Г	О
Г	Ч	Д	Ъ	З	А	К	Е	Р	Л	С	Р	В	В	Ъ	Ж
У	Л	А	Р	А	П	В	Х	Х	Я	С	Ъ	М	Щ	Й	В
Щ	Ф	Е	А	Р	О	А	О	М	Г	Ь	Е	Ю	Л	У	О
С	М	К	Ц	М	Б	Ь	Р	Д	Е	Л	Ж	Л	Б	Ю	Р
Ф	Ф	О	Ь	Ъ	Ю	И	Е	Я	Н	А	Е	К	О	А	Й
Ж	Х	К	Т	О	Д	О	З	Т	В	Е	В	К	Ф	Е	Ю
У	В	С	Р	Е	З	Й	Е	Г	Щ	А	Н	Ж	А	Л	В
Н	А	П	О	Я	В	А	Н	Е	У	Ж	Н	И	Ю	М	Е
Ъ	Ч	В	Ъ	Л	Н	И	Б	У	И	С	А	Е	Е	Г	У
Н	Я	О	Л	И	М	Й	Е	Г	Ц	Ч	Г	Я	Н	С	А
Ю	П	О	И	Ш	Й	Д	Ъ	Ж	Д	Л	А	Н	А	К	Р
Ч	И	Т	В	Ц	Ж	У	Ц	Г	Л	Ш	Р	Г	Г	Л	Ь
Ф	Ь	Н	К	Щ	М	Ъ	П	Н	Х	Ъ	У	О	А	Н	Ш
Й	Ю	Л	С	Ш	Ъ	У	Л	Ъ	Х	Х	Б	Д	Л	Х	В
Ж	Л	Г	Ь	Щ	Ш	Ж	Ю	Т	Щ	А	Я	Ф	В	Й	У

НАВОДНЕНИЕ
КАНАЛ
ДУШ
ИЗПАРЯВАНЕ
РЕКА
МРАЗ
ГЕЙЗЕР
ЛЕД
НАПОЯВАНЕ
ЕЗЕРО
МУСОН
СНЯГ
ОКЕАН
ВЪЛНИ
ДЪЖД
ВЛАГА
ВЛАЖНА
УРАГАН
ПАРА

53 - Imbarcazioni

П	К	Л	Ш	К	Ф	Ф	Е	Р	И	Б	О	Т	М	Н	С
Л	А	С	А	К	Е	Р	Ж	Р	Ь	Г	Н	Ц	О	М	Л
А	Ф	У	М	Д	Б	Б	Ъ	О	Н	Ч	Ц	Л	Р	Ъ	М
Т	С	В	А	Т	В	У	В	Я	Щ	Р	Ц	Ч	Я	Н	Ш
Н	У	Ш	Н	Л	Ц	И	М	А	Ч	Т	А	Ф	К	Ш	Ъ
О	Ь	Ц	Д	Д	Р	Е	Г	Я	Б	К	Ъ	Я	Я	Е	К
Х	Ь	Л	У	Н	А	К	З	А	Л	П	Ю	Ц	А	Г	Ь
О	Ж	Г	Р	А	В	Д	А	Е	Т	А	Ю	Ь	К	Ж	Ю
Д	Ц	П	А	Ь	Ъ	Л	У	П	Р	Е	Р	О	М	М	У
К	О	Б	Р	К	И	Г	Ъ	В	Р	О	Л	Ш	Р	С	М
А	Щ	Е	Н	Ч	Й	Ш	А	Ъ	Щ	И	К	С	Р	О	М
К	О	Т	В	А	Ь	Ь	Д	Л	Л	К	Л	Я	Ц	Р	Щ
Ь	П	Д	В	Б	Х	Ъ	П	Н	Я	Ъ	С	И	Н	К	Ж
О	К	Е	А	Н	В	Д	Ф	И	Х	Л	Ч	Х	В	Р	Я
Щ	Г	О	Ч	П	Ж	Н	Ь	С	Т	Е	К	И	П	А	Ж
У	Ч	Ю	И	Ш	Н	О	В	М	А	С	Ч	Г	Ф	В	П

МАЧТА
КОТВА
ПЛАТНОХОДКА
ШАМАНДУРА
КАНУ
ВЪЖЕ
ЕКИПАЖ
РЕКА
КАЯК
ЕЗЕРО
МОРЕ
ПРИЛИВ
МОРЯК
ДВИГАТЕЛ
МОРСКИ
ОКЕАН
ВЪЛНИ
ФЕРИБОТ
ЯХТА
САЛ

54 - Chimica

Т	Е	М	П	Е	Р	А	Т	У	Р	А	Х	О	П	Ш	О
Р	О	Т	А	З	И	Л	А	Т	А	К	В	Н	У	Б	Р
И	Я	О	Н	И	Л	М	В	Х	Г	Х	У	Г	Л	Х	Г
Г	У	Е	И	Ц	М	Р	Ю	Й	К	Ч	Г	Й	Ж	Н	А
У	Л	А	Л	К	А	Л	Н	А	Х	Ш	Ь	Т	Ф	А	Н
Б	А	Л	Е	Щ	И	Ц	О	Ц	Л	П	К	О	Н	Ч	И
Л	Л	Р	С	Ф	Д	Ж	Й	Л	О	Ч	Й	П	Ч	К	Ч
В	У	М	И	Ъ	П	Ю	Я	Т	Р	Ц	Ц	Л	С	Ф	Н
Д	К	В	К	Ж	Л	Н	Н	Е	Р	Д	Я	И	К	Ч	И
Н	Е	М	О	Т	А	З	А	Г	М	Ч	В	Н	Д	Ф	Й
У	Л	Ю	Р	Д	О	Р	О	Л	С	И	К	А	С	Ю	С
М	О	Ж	И	Е	О	Ш	Ф	О	С	Я	З	Ч	Ъ	П	О
Ц	М	Г	Д	Ь	Ч	Р	Й	П	Ф	Щ	Ш	Н	В	Ф	Л
Щ	Ш	О	Й	Д	О	Ь	О	П	Ш	С	Ь	Т	Е	Ш	О
Т	Е	Ч	Н	О	С	Т	Н	Д	О	Р	Е	Л	Г	Ъ	В
Е	Л	Е	К	Т	Р	О	Н	Щ	К	Ц	Й	Ъ	Ю	Р	Т

КИСЕЛИНА
АЛКАЛНА
АТОМЕН
ТОПЛИНА
ВЪГЛЕРОД
КАТАЛИЗАТОР
ХЛОР
ЕЛЕКТРОН
ЕНЗИМ
ГАЗ
ВОДОРОД
ЙОН
ТЕЧНОСТ
МОЛЕКУЛА
ЯДРЕН
ОРГАНИЧНИ
КИСЛОРОД
ТЕГЛО
СОЛ
ТЕМПЕРАТУРА

55 - Strumenti Musicali

М	Л	Я	Ь	П	Р	Ф	Х	Е	К	К	Е	Г	Ф	С	Р
П	Г	Ж	П	К	Р	Ф	А	Я	И	Л	Ч	Щ	Ф	В	У
Б	О	В	Ъ	Б	Я	К	Р	Б	Т	А	А	Р	Н	В	Б
М	А	Р	И	М	Б	А	М	М	А	Р	Т	Р	О	Т	А
Г	В	М	Ф	Н	А	Х	О	И	Р	И	Р	У	Ф	Ь	Н
Г	Е	Ъ	В	Щ	С	А	Н	У	А	Н	О	Д	О	А	Д
Ц	А	Ж	Г	Н	Ж	К	И	М	Л	Е	М	А	С	Х	Ж
Л	П	Ж	Ч	О	К	Л	К	Ф	Щ	Т	П	Р	К	Х	О
Х	Ж	И	Н	Б	Н	У	А	Ч	Л	Ф	Е	Н	А	Г	Н
Ж	У	Г	Х	М	Ъ	Г	Ж	О	Й	Е	Т	И	С	И	А
М	А	Н	Д	О	Л	И	Н	А	Л	У	Й	О	Б	О	И
М	Ц	Д	Ь	Р	Ю	Ц	Д	А	Й	Р	Е	Т	Б	Щ	П
Ф	Ч	У	И	Т	Б	А	Р	А	Б	А	Н	О	А	П	В
В	И	О	Л	О	Н	Ч	Е	Л	О	Л	Р	Г	Н	Я	Ъ
Щ	Ц	Й	Г	К	Ш	Ф	М	Х	Е	Щ	Ж	А	Я	Ь	Н
Й	Щ	П	Ш	Щ	Ч	Ч	Т	Д	Ь	Ж	М	Ф	М	Ж	Т

ХАРМОНИКА
АРФА
БАНДЖО
КИТАРА
КЛАРИНЕТ
ФАГОТ
ФЛЕЙТА
ГОНГ
МАНДОЛИНА
МАРИМБА
ОБОЙ
УДАРНИ
ПИАНО
САКСОФОН
ДАЙРЕ
БАРАБАН
ТРОМПЕТ
ТРОМБОН
ЦИГУЛКА
ВИОЛОНЧЕЛО

56 - Professioni #2

И	Х	У	Д	О	Ж	Н	И	К	Б	И	О	Л	О	Г	О
Д	Л	Е	Т	А	В	О	Д	Е	Л	С	З	И	Н	А	Ц
Н	Й	Ю	Т	Б	Х	Т	Л	Е	К	А	Р	Й	Ш	Г	А
Я	Р	Д	С	Я	О	С	Ч	Х	С	Ф	Ч	Ъ	Ю	С	Д
Ч	А	А	Я	Т	Х	И	Р	У	Р	Г	О	Л	О	О	З
Ю	К	Е	Ъ	С	Р	Л	Е	Т	А	В	О	Д	Е	Л	С
Р	Е	С	Ч	И	Р	А	К	Е	Л	О	Б	Ъ	З	А	Г
Т	Т	Ф	Е	В	Р	Н	Т	О	Ф	Й	Ю	О	Ш	С	Р
Ф	О	П	Щ	Г	К	Р	Ъ	О	А	Т	Ц	Г	А	Т	А
Р	И	И	Т	Н	Ш	У	Я	П	Р	Й	К	У	Й	Р	Д
Е	Л	Л	Ю	И	Е	Ж	Я	Ь	М	Ж	Ф	Ж	Й	О	И
Н	Б	М	О	Л	У	Ч	И	Т	Е	Л	Ж	И	В	Н	Н
Е	И	Ш	О	С	П	И	Л	О	Т	Н	Ш	Н	Я	А	А
Ж	Б	С	Д	Ж	О	Ф	О	Т	О	Г	Р	А	Ф	В	Р
Н	Р	Х	Ю	Ч	Ц	Ф	И	Т	В	П	Х	Й	Д	Т	Ь
И	З	О	Б	Р	Е	Т	А	Т	Е	Л	Й	Ъ	П	Ц	Я

АСТРОНАВТ
БИБЛИОТЕКАР
БИОЛОГ
ХИРУРГ
ЗЪБОЛЕКАР
ФИЛОСОФ
ФОТОГРАФ
ГРАДИНАР
ЖУРНАЛИСТ
ИЛЮСТРАТОР
ИНЖЕНЕР
УЧИТЕЛ
ИЗОБРЕТАТЕЛ
СЛЕДОВАТЕЛ
ЛИНГВИСТ
ЛЕКАР
ПИЛОТ
ХУДОЖНИК
ИЗСЛЕДОВАТЕЛ
ЗООЛОГ

57 - Letteratura

К	М	Ч	Ю	А	Р	Г	О	А	Н	Е	К	Д	О	Т	С
З	Н	Б	И	М	Н	Т	И	П	С	Ж	Ю	С	Ъ	Р	Т
А	Е	Н	Р	Е	А	А	Й	П	И	Ф	В	Б	И	И	И
К	Н	Щ	Ъ	Т	М	М	Л	И	Т	С	Д	Ф	О	Т	Х
Л	И	Т	Н	Й	О	И	Т	О	К	Н	А	Р	Ю	Ъ	О
Ю	Е	Т	Д	К	Р	Р	П	С	Г	Е	Ж	Н	Я	М	Т
Ч	И	Ь	Ъ	С	Ч	О	Е	М	О	И	Ш	Е	И	О	В
Е	У	Е	Ю	В	Х	Щ	Л	Г	Л	Н	Я	Ч	Д	Е	О
Н	А	Н	А	Л	И	З	Л	Р	А	Е	И	И	Е	С	Р
И	Н	М	Ь	Р	Ч	Ж	П	Х	И	Н	Ф	Т	Г	Ж	Е
Е	Р	Ч	Д	Ц	А	Щ	С	Г	Д	В	А	Е	А	А	Н
Б	Н	Т	Л	Й	Х	В	К	Ю	Я	А	Р	О	Р	Н	И
С	С	Ч	Й	Ъ	П	Ч	Т	У	Ж	Р	Г	П	Т	Р	Е
М	Е	Т	А	Ф	О	Р	А	О	Ц	С	О	Ъ	В	М	У
Ь	И	У	Г	И	М	У	А	Д	Р	Р	И	Р	М	Я	Т
Д	П	Ъ	Ш	И	Р	К	Л	Ю	Ъ	Ц	Б	Й	Д	Ъ	Ч

АНАЛИЗ
АНАЛОГИЯ
АНЕКДОТ
АВТОР
БИОГРАФИЯ
ЗАКЛЮЧЕНИЕ
СРАВНЕНИЕ
ОПИСАНИЕ
ДИАЛОГ
ЖАНР
МЕТАФОРА
МНЕНИЕ
СТИХОТВОРЕНИЕ
ПОЕТИЧЕН
РИМА
РИТЪМ
РОМАН
СТИЛ
ТЕМА
ТРАГЕДИЯ

58 - Cibo #2

Ц	Е	Л	И	Н	А	Ц	И	Н	Е	Ш	П	Ч	Ц	К	Й
А	К	Н	У	Ш	Б	Н	К	Е	Л	С	К	Е	Ц	Й	Я
Г	Е	Ф	Е	У	И	Х	Ф	И	И	А	И	Р	Й	Ф	К
Я	Р	Ь	Г	Р	Р	Х	В	Ш	П	Д	С	Е	У	Ь	Е
Ш	И	О	О	Ц	И	Х	Л	Я	Б	К	Е	Ш	Ф	Ь	Ч
Щ	Х	Г	З	Т	О	С	Ц	Ц	Ь	И	Л	А	Н	Е	Д
Т	Г	У	И	Д	Т	С	Ц	Я	Я	В	О	Б	Ц	Х	Г
Е	Г	Ъ	Ь	П	Е	В	Б	О	Й	И	М	Ъ	Ф	Ц	Б
Я	Б	Ъ	Л	К	А	Т	П	Д	П	Г	Л	Г	Х	Щ	Ц
Ф	Д	Р	Ц	М	Г	О	Ь	И	Д	К	Я	Р	К	Д	О
П	А	Т	Л	А	Д	Ж	А	Н	Л	Д	К	Р	П	Ч	Р
Х	Ц	С	М	А	Щ	Ю	Р	Ш	Н	О	О	С	Х	О	И
С	Й	В	Л	М	Л	Е	Ь	Ж	В	М	К	Щ	А	Л	З
Н	Ч	М	М	Ц	Ж	Ь	Т	А	Д	А	Л	О	К	О	Ш
Х	В	Б	Е	Ш	Й	Д	У	С	К	Т	К	Ч	Р	Ш	С
Ф	Б	У	Ч	М	Ш	Н	Х	Ъ	Ч	Н	А	Н	А	Б	Х

БАНАН
БРОКОЛИ
ЧЕРЕША
ШОКОЛАД
СИРЕНЕ
ГЪБА
ПШЕНИЦА
КИВИ
ЯБЪЛКА
ПАТЛАДЖАН
ХЛЯБ
РИБА
ПИЛЕ
ДОМАТ
ШУНКА
ОРИЗ
ЦЕЛИНА
ЯЙЦЕ
ГРОЗДЕ
КИСЕЛО МЛЯКО

59 - Nutrizione

П	О	Д	П	Р	А	В	К	И	Е	Х	Р	Х	Ф	В	Е
Ь	В	И	Т	А	М	И	Н	Ц	П	Е	Ф	Р	Е	К	Л
Р	И	Т	С	О	Н	Ч	Е	Т	Р	К	Я	А	Р	И	В
Ш	Т	Т	Е	Г	Л	О	Ф	А	О	А	Ф	Н	М	Б	Т
Н	А	Ц	Я	Н	И	С	К	О	Т	Л	В	О	Е	Л	Ш
А	Р	Т	К	Г	В	О	Х	У	Е	О	К	С	Н	Ч	М
Я	Д	Н	И	А	О	С	М	В	И	Р	Х	М	Т	Т	М
Й	И	А	А	Т	Ч	Р	Щ	Я	Н	И	Р	И	А	П	Щ
Д	Х	Р	И	Е	Е	Е	Ч	К	И	И	А	Л	Ц	Ф	П
Ч	Е	И	В	И	В	П	С	И	Х	М	Н	А	И	С	П
Щ	Л	С	Ъ	Д	А	Ю	А	Т	В	Д	И	Н	Я	Г	О
Е	Г	Н	П	Щ	Р	Я	П	Л	В	Т	Т	Е	Е	Ь	Б
Р	Ъ	А	Г	Ъ	Д	У	В	Ф	А	О	Е	В	А	К	П
Й	В	Л	Н	Х	З	С	Ш	Ю	Р	Л	Л	Ь	И	П	Ъ
Ъ	В	А	М	Ш	С	Г	П	Л	Д	Ж	Н	Е	У	И	Т
Т	Р	Б	Е	А	В	Н	Л	Г	З	Ф	О	Е	Й	Щ	А

ГОРЧИВ
АПЕТИТ
БАЛАНСИРАН
КАЛОРИИ
ВЪГЛЕХИДРАТИ
ЯДНИ
ДИЕТА
ХРАНОСМИЛАНЕ
ФЕРМЕНТАЦИЯ
ТЕЧНОСТИ
ХРАНИТЕЛНО
ТЕГЛО
ПРОТЕИНИ
КАЧЕСТВО
СОС
ЗДРАВЕ
ЗДРАВ
ПОДПРАВКИ
ТОКСИН
ВИТАМИН

60 - Matematica

С	А	Ф	А	Р	И	Т	М	Е	Т	И	К	А	Е	Т	Ц
Т	Ж	Й	Р	Т	Д	С	В	О	Ш	А	Ф	К	Й	Р	П
Е	Я	Ю	О	А	Я	Е	Ф	В	М	А	Х	Л	Ж	И	Е
П	Д	Щ	Р	Р	К	Ж	С	Е	О	Ж	М	О	М	Ъ	Р
Е	Ъ	Ъ	Ц	Д	Й	Ц	Г	Е	Р	Р	О	К	Т	Г	И
Н	Р	Ч	П	А	Ф	В	И	П	Т	А	Й	И	Ч	Ъ	М
Г	Й	К	К	В	Р	И	Д	Я	Х	И	Ч	Б	Е	Л	Е
Ш	Б	Ц	Ч	К	Б	М	М	П	Ч	Я	Ч	О	Т	Н	Т
Т	Ь	Я	И	Р	Т	Е	М	О	Е	Г	Н	Е	А	И	Ъ
Д	М	Т	А	О	Й	Е	Л	Л	Ч	В	Ъ	Й	Н	К	Р
А	С	Й	Х	Х	К	У	Ъ	И	Л	Г	Ъ	И	Л	Ц	С
Л	У	Л	К	И	Н	Л	Ъ	Г	Ъ	О	В	А	Р	П	У
Я	И	Р	Т	Е	М	И	С	О	С	Д	Р	Ш	Ш	Х	М
Б	Д	Г	Ю	Ф	Т	Е	И	Н	Е	Н	В	А	Р	У	А
О	А	Д	И	А	М	Е	Т	Ъ	Р	О	А	Ж	Ж	Ь	С
П	Р	И	Л	И	К	А	Ф	Щ	Я	Я	Ш	К	Ю	Л	Ю

ЪГЛИ
АРИТМЕТИКА
ОБИКОЛКА
ДЕСЕТИЧЕН
ДИАМЕТЪР
УРАВНЕНИЕ
СТЕПЕН
ФРАКЦИЯ
ГЕОМЕТРИЯ
ПРИЛИКА
ПЕРИМЕТЪР
ПОЛИГОН
КВАДРАТ
РАДИУС
ПРАВОЪГЪЛНИК
СФЕРА
СИМЕТРИЯ
СУМА
ТРИЪГЪЛНИК

61 - Meditazione

С	Т	К	Ю	В	Е	И	Н	А	Д	А	Р	Т	С	Ъ	С
Г	П	И	Ж	Ш	Й	Ц	Ю	Д	И	Ж	Г	Б	Д	Р	В
А	Н	О	Ш	М	Щ	Ж	М	О	Ш	Ю	Н	Л	Ж	Ф	Ф
К	П	Е	К	И	Е	П	А	Р	А	Ч	П	А	Н	В	Ж
Х	О	И	Ж	О	Н	Б	М	И	Н	Ф	П	Г	А	Ю	Ф
М	З	Н	Я	Й	Е	А	И	Р	Е	Щ	Е	О	Б	Б	С
И	А	Е	Ч	Ш	Н	Н	Д	П	Ж	И	Р	Д	Л	Р	Я
С	М	Ж	Ь	Д	А	Т	О	Н	С	Я	С	А	Ю	О	Т
Л	Х	И	Л	Р	М	У	З	И	К	А	П	Р	Д	Ч	Ж
И	Й	В	Р	Н	Е	И	Ф	Ъ	Б	Т	Е	Н	Е	Щ	Щ
Ч	Я	Д	Ю	Ь	И	Ф	Х	У	Ш	О	К	О	Н	С	Б
Г	С	П	Ж	Г	Р	Х	Н	Ж	Ш	Р	Т	С	И	Б	И
Р	Н	Р	Ю	Ч	П	Ь	К	А	Ш	Б	И	Т	Е	Х	С
Е	М	О	Ц	И	И	Щ	Й	Ю	Ш	О	В	Я	Ц	Т	О
Г	У	У	М	С	Т	В	Е	Н	И	Д	А	У	Е	Е	Б
П	М	В	Н	И	М	А	Н	И	Е	М	У	Я	Л	Ц	Ж

ПРИЕМАНЕ
ВНИМАНИЕ
СПОКОЕН
ЯСНОТА
СЪСТРАДАНИЕ
ЕМОЦИИ
ДОБРОТА
БЛАГОДАРНОСТ
УМСТВЕН
УМ
ДВИЖЕНИЕ
МУЗИКА
ПРИРОДА
НАБЛЮДЕНИЕ
МИР
МИСЛИ
ПОЗА
ПЕРСПЕКТИВА
ДИШАНЕ
ТИШИНА

62 - Elettricità

О	В	Т	С	Е	Ч	И	Л	О	К	Л	Т	Ж	И	Л	С
Д	О	Ф	Е	Ю	У	Ъ	Ш	П	Я	А	А	Ъ	Т	К	Ъ
З	Б	Г	М	Л	Ч	О	Ъ	Щ	Я	Л	Ж	З	К	Я	Х
Е	О	М	Е	Т	Е	Ш	Е	Е	Б	М	Щ	Д	Е	И	Р
Н	Р	А	Л	Н	Б	Ф	Л	Ф	Е	Н	Я	Т	Б	Р	А
Г	У	Г	О	А	Е	Ж	О	Д	Ь	Р	Р	П	О	Е	Н
А	Д	Н	Г	О	Ъ	Р	И	Н	Л	А	М	П	А	Т	Е
Ю	В	И	Л	У	Ж	Ф	А	Д	Х	Ц	У	М	К	А	Н
П	А	Т	И	Ш	Ж	Щ	Х	Т	А	С	К	М	Ш	Б	И
Т	Н	Ъ	Щ	Н	Г	Ф	Л	Ж	О	Ж	А	Р	У	П	Е
У	Е	Я	О	С	Б	Б	У	Ь	Щ	Р	Б	Е	Р	Е	Ъ
О	Т	Р	И	Ц	А	Т	Е	Л	Е	Н	Е	Ж	К	Н	Л
П	О	Л	О	Ж	И	Т	Е	Л	Е	Н	Л	А	В	Р	О
Е	Л	Е	К	Т	Р	И	Ч	Е	С	К	И	П	Л	Н	Ж
Е	Л	Е	К	Т	Р	О	Т	Е	Х	Н	И	К	Я	Р	Д
Т	Ю	Ь	Т	Е	Л	Е	В	И	З	И	Я	А	Ч	С	Ю

ОБОРУДВАНЕ
БАТЕРИЯ
КАБЕЛ
СЪХРАНЕНИЕ
ЕЛЕКТРОТЕХНИК
ЕЛЕКТРИЧЕСКИ
ГЕНЕРАТОР
ЛАМПА
КРУШКА
ЛАЗЕР
МАГНИТ
ОТРИЦАТЕЛЕН
ОБЕКТИ
ПОЛОЖИТЕЛЕН
ГНЕЗДО
КОЛИЧЕСТВО
МРЕЖА
ТЕЛЕФОН
ТЕЛЕВИЗИЯ

63 - Antiquariato

И	Я	Х	В	Т	Й	Ф	Ш	О	А	Я	Д	Д	Е	Е	С
Л	З	В	Ь	Ъ	Я	П	Л	Д	Ж	О	Е	Е	Н	Л	К
Е	О	К	Щ	Р	А	Т	С	М	Е	О	С	К	Т	Е	У
Б	В	Х	У	Г	Л	И	У	Р	И	Ч	Е	О	У	Г	Л
Е	И	Ш	Ш	С	И	Х	О	Е	У	Щ	Т	Р	С	А	П
М	Я	И	Ц	И	Т	С	Е	В	Н	И	И	А	И	Н	Т
М	И	Ч	Й	У	С	В	Ш	О	Е	К	Л	Т	А	Т	У
И	Р	О	Т	К	Е	Л	О	К	А	Х	Е	И	С	Е	Р
Д	Е	М	У	Х	Ц	И	В	С	Ч	О	Т	В	Т	Н	А
Ц	Л	И	И	С	Ф	У	Т	Е	И	П	И	Е	С	Ж	Н
В	А	О	Ч	Н	Л	С	С	Ц	Б	М	Я	Н	О	Ш	Е
Ч	Г	П	Ш	Л	Т	Ь	Е	Ъ	О	Д	П	И	Н	Ф	Ц
Я	К	Ь	Л	У	М	Ф	Ч	Л	Е	А	О	Л	Й	Ж	У
Ю	О	Д	Ц	Ж	И	Н	А	Н	Н	Я	У	Б	О	Ш	Ъ
М	О	Н	Е	Т	И	Щ	К	О	Г	Щ	Ф	М	Т	В	Б
А	В	Т	Е	Н	Т	И	Ч	Е	Н	Т	И	О	С	О	И

ЕНТУСИАСТ
ИЗКУСТВО
ТЪРГ
АВТЕНТИЧЕН
КОЛЕКТОР
ДЕСЕТИЛЕТИЯ
ДЕКОРАТИВЕН
ЕЛЕГАНТЕН
ГАЛЕРИЯ
НЕОБИЧАЕН
ИНВЕСТИЦИЯ
МЕБЕЛИ
МОНЕТИ
ЦЕНА
КАЧЕСТВО
СКУЛПТУРА
ВЕК
СТИЛ
СТОЙНОСТ
СТАР

64 - Escursionismo

В	О	Д	А	Е	Ф	К	Ъ	Ж	Е	Т	Д	Й	Ж	О	С
Л	Л	Ю	Т	Л	Р	Х	А	Н	И	Н	А	Л	П	Р	К
Ъ	Ц	С	Р	П	М	Ъ	У	М	Ч	Р	Х	Щ	К	И	А
Е	Ъ	Ф	А	Ч	Р	Р	К	К	Ъ	И	Ч	Г	Б	Е	Л
Ш	В	Ц	К	К	Б	В	В	О	Е	Н	М	Ъ	О	Н	А
Й	К	Д	Н	С	Г	А	Р	У	В	П	И	Д	Т	Т	Ш
У	М	О	Р	Е	Н	Д	М	Ч	О	О	А	И	У	А	Х
К	Ъ	М	П	И	Н	Г	Ц	Р	К	Ч	Д	В	Ш	Ц	Ж
Ь	Т	Л	Р	Т	Ш	С	Я	Ф	Р	Б	О	С	И	И	Д
Ю	Ж	Ф	Л	И	Я	И	Л	Б	А	Х	Р	Н	Т	Я	Ш
Х	И	К	Л	И	М	А	Т	Ъ	П	Ъ	И	М	Ж	В	Щ
Ц	В	Ф	Н	Е	Ч	Ь	Ф	Ч	Н	Щ	Р	П	Е	Р	А
Ф	О	Ч	Ъ	В	Л	Х	Р	Ф	Ц	Ц	П	С	Б	Ф	Г
К	Т	У	П	Ю	Х	В	Щ	Х	Я	Л	Е	Е	Г	Ж	Ч
Д	Н	П	О	Д	Г	О	Т	О	В	К	А	О	Ю	У	Е
А	И	Р	А	М	О	К	Ю	Ш	Е	Ш	С	Т	И	Ш	Ю

ВОДА
ЖИВОТНИ
КЪМПИНГ
КЛИМАТ
РЪКОВОДСТВА
КАРТА
ПЛАНИНА
ПРИРОДА
ОРИЕНТАЦИЯ
ПАРКОВЕ
ТЕЖЪК
КАМЪНИ
ПОДГОТОВКА
СКАЛА
ДИВ
СЛЪНЦЕ
УМОРЕН
БОТУШИ
ВРЪХ
КОМАРИ

65 - Professioni #1

К	А	Р	Т	О	Г	Р	А	Ф	Ф	Ю	С	С	И	Т	Т
Х	В	О	Д	О	П	Р	О	В	О	Д	Ч	И	К	Р	А
П	У	Г	Е	О	Л	О	Г	В	Ц	Ю	Ц	Ж	П	Е	Н
И	Л	Д	Ш	Й	М	С	Л	Ю	Л	Г	Е	Ъ	Х	Н	Ц
А	Ю	Г	О	Л	О	Х	И	С	П	М	В	Ь	Р	Ь	Ь
Н	Ц	М	Ъ	Ж	П	Ч	Ю	Х	И	Ш	О	Г	Я	О	О
И	Ш	Ш	К	И	Н	А	Л	С	О	П	Л	Р	Е	Р	Р
С	У	Ф	Ш	В	Е	И	Б	А	Н	К	Е	Р	Я	Щ	К
Т	Ж	Ц	Ю	Ю	Ч	П	К	Й	П	Ж	А	Б	С	К	А
Х	Ч	Ь	Ж	Б	У	Б	И	Ж	У	Т	Е	Р	Й	П	Т
Ф	А	Р	М	А	Ц	Е	В	Т	Н	А	К	И	З	У	М
А	С	Т	Р	О	Н	О	М	О	Ф	А	Т	Д	Л	Ч	П
Ч	Х	Щ	В	Г	Т	Е	Т	Щ	А	Д	В	О	К	А	Т
Р	Е	Д	А	К	Т	О	Р	А	Н	И	Р	Е	Т	Е	В
Л	П	Ю	Ъ	Г	Т	И	Ф	Л	Я	У	Ш	Й	Р	Л	Г
Б	А	Н	К	М	Щ	М	Я	У	Я	Х	Б	Ю	Ф	В	Ф

ТРЕНЬОР
ПОСЛАНИК
ХУДОЖНИК
АСТРОНОМ
АДВОКАТ
ТАНЦЬОРКА
БАНКЕР
ЛОВЕЦ
КАРТОГРАФ
РЕДАКТОР
ФАРМАЦЕВТ
ГЕОЛОГ
БИЖУТЕР
ВОДОПРОВОДЧИК
МОРЯК
МУЗИКАНТ
ПИАНИСТ
ПСИХОЛОГ
УЧЕН
ВЕТЕРИНАР

66 - Antartide

Ъ	П	Ъ	Г	К	Ъ	Ч	Ф	Д	О	Ф	Х	В	Ж	Б	Ю
М	Я	И	Ф	А	Р	Г	О	П	О	Т	И	Б	Г	К	Щ
П	Ч	Ц	Г	Ю	О	О	Л	Б	Й	Е	В	О	Т	И	К
Й	Г	И	Т	У	Ч	У	Ц	Ь	В	К	Н	К	Н	Т	И
Ш	Е	Н	А	В	З	А	П	А	З	С	А	Х	Е	Е	З
В	Я	Д	И	Ш	Ь	Р	Д	С	К	П	У	А	Н	М	С
Щ	Н	Е	Ф	П	Д	А	Ь	О	Ъ	Е	Ч	О	И	П	Л
П	О	Л	У	О	С	Т	Р	О	В	Д	Е	Л	Т	Е	Е
В	Н	Г	Й	В	С	Г	Г	Е	Ч	И	Н	К	Н	Р	Д
Ф	И	Ю	О	Г	Е	К	У	К	Д	Ц	Л	Н	О	А	О
О	В	Г	М	Я	И	Ц	А	Р	Г	И	М	А	К	Т	В
С	Р	Е	Д	А	Ц	С	Ъ	Л	Г	Я	П	Ф	З	У	А
Г	Е	О	Г	Р	А	Ф	И	Я	И	С	Ц	У	Я	Р	Т
М	И	Н	Е	Р	А	Л	И	Б	У	С	Р	Ц	Х	А	Е
О	С	Т	Р	О	В	И	Ю	И	Ю	В	Т	Ю	А	Н	Л
Ю	Ь	П	М	М	К	Ь	О	Ь	О	Б	Л	А	Ц	И	Д

ВОДА
СРЕДА
ЗАЛИВ
КИТОВЕ
ЗАПАЗВАНЕ
КОНТИНЕНТ
ГЕОГРАФИЯ
ЛЕДНИЦИ
ЛЕД
ОСТРОВИ
МИГРАЦИЯ
МИНЕРАЛИ
ОБЛАЦИ
ПОЛУОСТРОВ
ИЗСЛЕДОВАТЕЛ
СКАЛИСТ
НАУЧЕН
ЕКСПЕДИЦИЯ
ТЕМПЕРАТУРА
ТОПОГРАФИЯ

67 - Libri

К	Ш	Ж	Е	Н	Е	Ч	И	Г	А	Р	Т	Ж	П	С	Х
Д	К	Ж	П	Ч	А	В	З	А	К	З	А	Р	Р	Т	У
М	О	Й	И	У	Ь	Т	О	С	Е	Р	И	Я	И	Р	М
Л	Л	Е	Ч	Ш	Г	Ъ	Б	Ч	Н	Й	Ц	Щ	К	А	О
И	Е	С	Е	И	Ф	Х	Р	М	Я	Е	П	Й	Л	Н	Р
Т	К	Р	Н	Я	И	З	Е	О	П	Ц	Б	А	Ю	И	И
Е	Ц	Н	О	Е	Р	О	Т	В	А	Ф	Ж	Ю	Ч	Ц	С
Р	И	И	Л	М	Т	Ц	А	Ш	Т	Я	Й	Ъ	Е	А	Т
А	Я	С	Ъ	Д	А	С	Т	Х	О	Р	П	С	Н	С	И
Т	Ч	Т	Ь	Ф	А	Н	Е	П	П	Ю	Д	Щ	И	А	Ч
У	Ю	О	И	В	Л	В	Л	М	Ж	А	С	Х	Е	Р	Е
Р	Ъ	Р	Х	Ч	Ж	Ю	Е	Я	У	Р	Б	Х	П	Х	Н
А	Г	И	Ь	Х	О	К	Н	К	О	Н	Т	Е	К	С	Т
Б	Ш	Я	Д	В	О	Й	С	Т	В	Е	Н	О	С	Т	Ь
Ф	И	С	Т	О	Р	И	Ч	Е	С	К	И	Ч	Ж	Д	О
Л	Г	Ч	И	Т	А	Т	Е	Л	Ш	Г	Л	Ц	Я	У	Б

АВТОР
ПРИКЛЮЧЕНИЕ
КОЛЕКЦИЯ
КОНТЕКСТ
ДВОЙСТВЕНОСТ
ЕПИЧЕН
ПОТАПЯНЕ
ИЗОБРЕТАТЕЛЕН
ЛИТЕРАТУРА
ЧИТАТЕЛ
РАЗКАЗВАЧ
СТРАНИЦА
ПОЕЗИЯ
УМЕСТЕН
РОМАН
СЕРИЯ
ИСТОРИЯ
ИСТОРИЧЕСКИ
ТРАГИЧЕН
ХУМОРИСТИЧЕН

68 - Geografia

П	Л	Т	Т	Ж	Х	Ц	Л	В	М	Е	Ю	Ц	О	Г	А
Б	Л	К	А	П	Н	Н	Ъ	И	Ь	Н	Р	Ь	С	Ь	Ф
Т	П	А	Н	А	Р	Т	С	С	С	Т	Е	Щ	Т	Ь	Е
К	Ж	Т	Н	Г	Й	Я	Я	О	Е	Щ	Г	М	Р	Г	Ь
У	А	Р	Е	И	Р	В	С	Ч	В	А	И	Г	О	Ч	П
Г	Ц	А	С	Ъ	Н	С	Р	И	Е	Ф	О	Р	В	П	А
Т	Т	К	Ь	Л	Т	А	Т	Н	Р	П	Н	А	И	Я	Г
М	Е	Р	И	Д	И	А	Н	А	Й	О	С	Д	Щ	И	Ъ
В	Е	Я	Ж	Б	Е	У	Е	Н	Н	Л	Б	А	Р	Р	Й
Д	Ъ	Л	Ж	И	Н	А	Н	И	Я	У	Ф	П	Л	О	К
И	Д	Ч	П	Ф	Ж	Ч	И	Р	Ь	К	Й	А	Ц	Т	Ъ
В	П	Ф	Ф	Ъ	Й	Ь	Т	И	Ц	Ъ	Х	З	Ш	И	А
Ф	Ш	У	Ю	М	Н	Б	Н	Ш	М	Л	О	Х	Г	Р	В
Г	У	К	Т	О	Б	Е	О	Ю	Г	Б	Ъ	О	А	Е	У
Ю	Ю	Г	Щ	Р	У	Щ	К	П	М	О	И	Й	Ь	Т	Щ
Р	Е	К	А	Е	Г	Л	С	Й	Г	В	О	Р	Ч	С	О

ВИСОЧИНА
АТЛАС
ГРАД
КОНТИНЕНТ
ПОЛУКЪЛБО
РЕКА
ОСТРОВ
ШИРИНА
ДЪЛЖИНА
КАРТА
МОРЕ
МЕРИДИАН
СВЯТ
ПЛАНИНА
СЕВЕР
ЗАПАД
СТРАНА
РЕГИОН
ЮГ
ТЕРИТОРИЯ

69 - Cibo #1

М	Ч	К	П	Ш	Ь	Ж	Е	В	У	О	Ж	К	С	О	Л
В	Е	Ч	Л	Ъ	Ц	О	Т	Л	Л	У	К	Р	Б	М	С
У	Ж	Н	Ш	Д	Ф	Р	У	С	У	С	И	У	С	О	П
Х	М	Ъ	Т	Я	Е	Н	П	Т	Т	М	М	Ш	М	Р	А
Н	Щ	С	О	А	Т	Р	О	Т	О	Д	Е	А	Е	К	Н
Ъ	Д	Е	Х	Д	Т	Т	Е	Л	П	Н	Ч	М	С	О	А
О	Ю	Ч	Ц	О	Р	А	Х	А	З	Ъ	Е	Й	О	В	К
И	М	Й	А	Г	Д	Л	Л	Ш	Ь	Л	И	М	О	Н	Е
Я	Ь	Ш	М	Я	Ъ	Е	Б	А	О	С	Ю	Х	А	У	Л
Ц	У	Ц	Ь	Х	К	Н	В	Ц	С	М	Ш	Д	Ю	Ж	И
Т	Ю	Ж	Е	Н	Ш	А	Й	Е	О	Р	М	О	Я	Щ	С
Р	Р	С	И	Ъ	Г	К	Ш	Ж	И	Ш	М	С	К	П	О
М	Л	Я	К	О	Ъ	Л	У	Ю	Щ	Ц	Е	Л	Г	О	Б
Ч	Е	И	Л	И	К	Т	Ш	П	М	Р	Я	П	А	С	Н
О	Г	Ж	А	Щ	А	Ц	Х	У	Щ	Ц	Ж	Ф	Я	Ф	И
С	О	К	К	Ю	Х	Ш	Д	Е	Ц	К	Д	Т	П	О	Л

ЧЕСЪН
БОСИЛЕК
КАНЕЛА
МЕСО
МОРКОВ
ЛУК
ЯГОДА
САЛАТА
МЛЯКО
ЛИМОН
МЕНТА
ЕЧЕМИК
КРУША
РЯПА
СОЛ
СПАНАК
СОК
ТОН
ТОРТА
ЗАХАР

70 - Aeroplani

С	П	У	С	К	А	Н	Е	Д	П	Н	Е	В	Р	Ж	И
Щ	В	Н	П	Ц	Н	О	И	И	И	Е	К	Ъ	Й	Е	С
Ь	Ц	Ш	Ъ	Щ	А	Л	Н	З	Л	Б	Ш	З	Й	Е	Т
Й	Ф	Т	Т	И	К	А	Е	А	О	Е	П	Д	Ц	Ф	О
С	Ц	Д	Н	Ъ	А	Б	Ч	Й	Т	У	Н	У	С	Т	Р
Д	Т	О	И	Е	Ц	Х	Ю	Н	С	Б	Р	Х	Л	П	И
В	А	Р	К	Р	А	М	Л	Г	Е	К	И	П	А	Ж	Я
И	Т	О	О	К	Н	А	К	О	С	О	П	Н	Н	Г	В
Г	М	Д	Ъ	И	Е	Ж	И	Р	Ю	Ь	И	В	И	Ю	И
А	О	О	И	Д	Т	Й	Р	И	Л	Ч	Е	П	Ч	П	Т
Т	С	В	Щ	Я	Ъ	Е	П	В	Г	О	Щ	Ч	О	Ю	Л
Е	Ф	У	Л	М	Д	С	Л	О	Ж	Б	Ж	Я	С	Н	А
Л	Е	Ь	Й	Ч	Ч	Б	Щ	С	Д	О	Ф	Т	И	Ю	Т
П	Р	Е	И	Н	Е	С	Е	Р	Т	Ъ	С	Я	В	Н	Ъ
Г	А	Щ	Е	Ч	Ь	А	Р	Ч	К	В	М	Е	Л	Ж	В
И	П	Н	У	Й	Ъ	Я	Й	Ю	И	И	О	Ь	Н	Ц	Ь

ВИСОЧИНА
ВЪЗДУХ
АТМОСФЕРА
КАЦАНЕ
ПРИКЛЮЧЕНИЕ
ГОРИВО
НЕБЕ
СТРОИТЕЛСТВО
ДИЗАЙН
ПОСОКА
СПУСКАНЕ
ВИТЛА
ЕКИПАЖ
ВОДОРОД
ДВИГАТЕЛ
БАЛОН
ПЪТНИК
ПИЛОТ
ИСТОРИЯ
СЪТРЕСЕНИЕ

71 - Governo

П	Ч	М	Р	Ф	З	Е	В	Ю	Ф	Т	К	О	Д	Д	П
О	О	Ч	К	Ж	А	В	А	Ж	Р	Ъ	Д	С	И	Е	А
В	А	Л	Ь	Ю	К	Й	У	М	Г	Л	Ь	И	С	М	М
Т	А	К	И	Ю	О	Н	Н	Р	В	Б	Х	М	К	О	Е
С	Щ	М	О	Т	Н	Е	Б	Е	Д	Ъ	С	В	У	К	Т
Н	Ь	Х	Я	С	И	М	С	Д	Н	Г	Ф	О	С	Р	Н
Е	Ю	Ю	Я	О	И	К	Й	И	Н	А	Р	Л	И	А	И
В	Й	Ъ	Е	М	Ц	Д	А	Л	Л	С	Ц	С	Я	Ц	К
А	М	Ю	Т	И	А	Й	Я	Ш	Н	Б	П	И	Т	И	Р
Р	О	В	Т	С	Н	А	Д	Ж	А	Р	Г	Н	Я	Я	Ж
Е	Б	Р	Л	И	А	Г	Р	А	Ж	Д	А	Н	С	К	И
Ч	Т	С	О	В	И	Л	Д	Е	В	А	Р	П	С	Х	К
Я	Р	У	Р	А	Д	О	Б	О	В	С	Н	С	Ш	В	Д
П	Ц	Ъ	Х	З	У	Ю	Ч	О	Я	Ц	Ч	Н	Щ	Ю	Ш
М	С	О	Б	Е	К	О	Н	С	Т	И	Т	У	Ц	И	Я
Ь	У	Р	Ш	Н	Е	Л	А	Н	О	И	Ц	А	Н	Г	У

ЛИДЕР
ГРАЖДАНСТВО
ГРАЖДАНСКИ
КОНСТИТУЦИЯ
ДЕМОКРАЦИЯ
РЕЧ
ДИСКУСИЯ
СЪДЕБЕН
СПРАВЕДЛИВОСТ
НЕЗАВИСИМОСТ
ЗАКОН
СВОБОДА
ПАМЕТНИК
НАЦИОНАЛЕН
НАЦИЯ
ПОЛИТИКА
ОБЛАСТ
СИМВОЛ
ДЪРЖАВА
РАВЕНСТВО

72 - Bellezza

Б	Р	Я	Ш	О	Ь	С	К	Ю	Щ	Б	А	В	Е	Ч	К
Ф	Щ	Я	Ч	Ж	Ф	Т	Ъ	Н	Я	Л	У	К	Л	К	Л
Ъ	И	Ж	П	М	К	И	Д	А	Г	А	Ю	Т	Е	Ш	Х
Ц	Ю	П	Щ	Г	Ю	Л	Р	Ж	В	Г	В	Ж	Г	А	П
А	Р	О	М	А	Т	И	И	Ь	Я	О	Б	Ф	А	М	Р
С	Ц	К	Ъ	В	Ь	С	Ц	Р	Ц	Д	М	Т	Н	П	О
П	Щ	О	Ц	Ж	Т	Т	И	Б	Б	А	К	О	Т	О	Д
И	П	З	М	Г	Л	А	Д	К	А	Т	М	Ц	Е	А	У
Р	Ч	М	Е	А	О	Г	Л	Е	Д	А	Л	О	Н	Н	К
А	А	Е	Ь	Т	С	О	Н	Т	Н	А	Г	Е	Л	Е	Т
Л	Р	Т	Х	П	Х	Л	Н	О	Ж	И	Ц	А	В	Ц	И
А	Ю	И	Б	Ц	Х	Ъ	А	Х	О	Б	Ж	Ю	К	Ш	Р
А	В	К	Ч	Е	Р	В	И	Л	О	Я	М	Д	О	Ч	О
С	П	А	О	Г	А	И	В	Ь	Ц	Ф	У	Щ	Ж	Ч	Ъ
Щ	Б	Ж	Л	Д	К	Х	Е	Ц	В	Я	Т	Д	А	Х	Ъ
М	Щ	Ч	Х	А	Л	Ш	У	С	Л	У	Г	И	Ц	У	А

ЦВЯТ
КОЗМЕТИКА
ЕЛЕГАНТЕН
ЕЛЕГАНТНОСТ
ЧАР
НОЖИЦА
АРОМАТ
БЛАГОДАТ
ГЛАДКА
СПИРАЛА
МАСЛА
КОЖА
ПРОДУКТИ
КЪДРИЦИ
ЧЕРВИЛО
УСЛУГИ
ШАМПОАН
ОГЛЕДАЛО
СТИЛИСТ

73 - Avventura

Щ	С	К	Б	Я	Д	П	Р	Я	Ь	Й	Ю	П	Ч	Л	Ф
Щ	Я	Ц	П	Й	Е	Р	А	И	М	М	Ь	Ъ	Й	Й	Ш
Й	И	М	Т	Л	Й	И	Д	Ц	Ж	О	Т	Т	Е	Ъ	Ж
К	З	Ъ	Т	Л	Н	Р	О	А	Щ	Ъ	У	У	С	Ш	Ц
П	Р	З	Ф	Я	О	О	С	Г	Я	К	Р	В	О	Б	Й
О	У	А	Г	Д	С	Д	Т	И	Ф	К	Ш	А	Я	Ж	Т
Д	К	И	С	В	Т	А	А	В	Д	Л	Р	Б	Ф	Х	Р
Г	С	С	Ш	О	Ь	Л	Ш	А	Н	С	А	Ш	П	Ю	У
О	К	У	Ф	Н	Т	С	О	Н	Ж	О	М	З	Ъ	В	Д
Т	Е	Т	С	Ц	Ь	А	П	Р	И	Я	Т	Е	Л	И	Н
О	Х	Н	Е	А	Ч	И	Б	О	Е	Н	Е	С	А	П	О
В	Б	Е	Д	Е	С	Т	И	Н	А	Ц	И	Я	П	Я	С
К	А	Я	Ч	Г	Ч	Щ	Т	Д	Ф	Б	Ь	Щ	А	Ц	Т
А	К	Т	Д	Ъ	Я	Ъ	Д	Ц	О	В	С	М	П	И	А
Б	Е	З	О	П	А	С	Н	О	С	Т	Р	О	О	Х	Д
Т	Ю	Т	С	Ф	Ш	В	Ч	Т	Д	Х	Р	Г	Т	Ю	П

ПРИЯТЕЛИ
ДЕЙНОСТ
КРАСОТА
ШАНС
ДЕСТИНАЦИЯ
ТРУДНОСТ
ЕНТУСИАЗЪМ
ЕКСКУРЗИЯ
РАДОСТ
НЕОБИЧАЕН
МАРШРУТ
ПРИРОДА
НАВИГАЦИЯ
НОВ
ВЪЗМОЖНОСТ
ОПАСЕН
ПОДГОТОВКА
БЕЗОПАСНОСТ
ПЪТУВА

74 - Forme

Т	Р	И	Ъ	Г	Ъ	Л	Н	И	К	Л	Я	П	Х	Щ	С
Г	Ъ	Н	Щ	А	В	Ж	А	В	П	Ч	Т	Л	И	Ж	У
П	Г	Ш	П	Б	Ч	Н	Ф	Х	Ч	П	У	Я	П	С	М
Х	Щ	А	Ь	Р	Р	Е	А	Т	Ю	Н	Ъ	Г	Е	Й	М
О	В	А	Л	Ж	Щ	Х	Й	П	Т	В	Д	Ъ	Р	И	Ъ
Я	К	Н	Н	Ю	С	М	М	А	Щ	Ж	Л	Ъ	Б	У	К
К	И	Н	Л	Ъ	Г	Ъ	О	В	А	Р	П	Т	О	Ъ	Щ
С	Т	Р	А	Н	А	Ъ	Б	Г	Н	О	Г	И	Л	О	П
А	А	В	Г	Е	П	И	Р	А	М	И	Д	А	А	У	Я
Е	Р	Ч	Ъ	Л	Г	Ч	Ъ	К	О	Н	У	С	Р	Н	С
П	Х	С	Д	И	Б	О	Д	Ю	Ч	И	К	Й	Е	Ь	Щ
Л	Р	Ю	Н	П	Б	Г	Н	Ь	К	Б	Р	Ш	Ф	Й	М
Е	И	И	Ц	С	Ф	Х	И	Б	Ш	Ж	И	Е	С	В	О
Ж	А	Н	З	А	Т	Ъ	Л	Д	Я	Е	В	О	Б	Ъ	Р
Е	Н	Ъ	И	М	А	Я	И	Я	Р	Б	А	Ц	Ц	Н	Й
Ъ	Г	Ъ	Л	Я	А	Е	Ц	К	В	А	Д	Р	А	Т	С

ЪГЪЛ
ДЪГА
РЪБОВЕ
КРЪГ
ЦИЛИНДЪР
КОНУС
КУБ
КРИВА
ЕЛИПСА
ХИПЕРБОЛА
СТРАНА
ЛИНИЯ
ОВАЛ
ПИРАМИДА
ПОЛИГОН
ПРИЗМА
КВАДРАТ
ПРАВОЪГЪЛНИК
СФЕРА
ТРИЪГЪЛНИК

75 - Oceano

Д	Ъ	С	Г	Ъ	Б	А	С	Х	Й	Ч	Д	В	У	У	Ж
И	М	Ш	О	К	Ф	Ц	Б	Ж	Ц	А	В	Б	Ц	Ш	Я
Б	И	Ф	А	Л	Г	Б	Ч	И	Ъ	Ф	Г	Ъ	Б	Х	Ц
Ф	К	Н	К	Ь	Я	Г	Б	С	Ь	И	Д	Ф	Л	Т	Р
Ъ	О	Я	Р	У	Б	Е	Г	У	М	М	Р	Г	Т	Н	Т
Н	Щ	М	У	И	Й	Ц	Г	В	Х	Д	Ш	Р	Г	Я	И
Е	Н	К	Н	Р	Д	Л	О	Д	К	А	К	О	Р	А	Л
П	Б	Ь	Е	И	Ф	И	С	Т	Р	И	Д	А	П	Л	П
П	Й	О	Т	Ф	У	Ь	Р	Х	Ц	К	Ъ	Ч	Р	О	Д
Щ	Ж	Г	С	Я	К	Й	Г	А	К	У	Л	А	И	К	Е
З	М	И	О	Р	К	А	К	Б	К	Ю	М	З	Л	Т	Л
Щ	Т	Л	К	Ш	У	Я	И	И	А	С	П	У	И	О	Ф
Ц	Й	Ь	Х	Г	Р	Ц	Т	Р	Р	Ф	Я	Д	В	П	И
К	Щ	Ш	Г	Ф	М	Ф	Я	Л	Я	Ф	Л	Е	И	О	Н
Б	Ь	К	С	Е	Г	Ж	Н	Ж	К	Р	С	М	Л	Д	О
Ъ	А	К	Г	И	Г	О	Л	Ь	Д	О	Ц	А	Я	Ц	Т

ЗМИОРКА
КИТ
ЛОДКА
КОРАЛ
ДЕЛФИН
СКАРИДИ
РАК
ПРИЛИВИ
МЕДУЗА
ВЪЛНИ

СТРИДА
РИБА
ОКТОПОД
СОЛ
РИФ
ГЪБА
АКУЛА
КОСТЕНУРКА
БУРЯ
ТОН

76 - Famiglia

Б	Л	В	Ъ	Д	М	О	В	У	Ю	У	С	Р	Х	К	А
А	О	Н	Ч	Е	Е	А	Щ	А	Б	Ц	Л	П	Ц	И	Ъ
Б	Д	У	И	Т	Е	Ч	Й	Ч	Й	К	Д	Ж	Е	Н	А
А	Я	К	Ч	С	Й	Я	В	Ч	Я	Л	Е	Л	Т	Е	Щ
Т	Д	Е	О	Т	А	Р	Б	О	И	Ю	Ц	Х	Е	В	Ю
П	О	Н	Р	В	Н	Е	Й	Я	Т	Н	А	Н	Д	Т	С
Р	Ф	Щ	А	О	И	Щ	С	С	Х	А	Д	Е	М	С	Е
М	В	Б	Л	В	Щ	Ъ	Ч	К	Ф	Ю	Р	Д	Щ	Е	С
Я	П	Щ	Б	Ж	А	Д	Й	Ж	Ш	М	Г	Б	Г	Ш	Т
Б	Г	О	Б	Л	Б	Ф	Х	Л	С	К	Е	С	Ц	Д	Р
Щ	П	П	К	Ъ	Я	Х	В	Н	А	Т	Ю	Ъ	И	Е	А
М	Д	Х	Г	Н	Н	О	Ж	Щ	Х	Й	С	П	Р	Р	Е
О	А	Р	Щ	М	Ч	В	Р	Ч	Ь	Т	П	Р	Ч	П	Р
Ъ	Р	Й	Ж	М	Й	Т	Т	С	Л	Х	Г	У	Я	Й	Й
М	Л	Д	К	И	Н	Н	Е	М	Е	Л	П	Г	Ъ	О	Ф
Т	П	И	Ф	А	Ч	В	Я	Р	Б	Д	Л	Е	Ъ	В	Ш

ПРЕДШЕСТВЕНИК
ДЕЦА
ДЕТЕ
БРАТОВЧЕД
ДЪЩЕРЯ
БРАТ
ДЕТСТВО
МАЙКА
СЪПРУГ
МАЙЧИН
ЖЕНА
ПЛЕМЕННИК
ВНУК
БАБА
ДЯДО
БАЩА
БАЩИНА
СЕСТРА
ЛЕЛЯ
ЧИЧО

77 - Creatività

Ж	И	З	Н	Е	Н	О	С	Т	Д	А	Р	Ч	Л	Р	В
И	З	Р	А	З	Ю	А	С	Х	Р	В	Г	Щ	Н	И	Ъ
Л	Ш	А	Ъ	Ъ	У	Щ	Г	Е	А	Т	Е	А	Е	Х	О
М	Ь	Ч	Ч	Е	Н	К	И	Г	М	Е	К	А	Л	Г	Б
В	Ч	Х	Ш	Т	Х	У	Е	И	А	Н	И	Й	Е	Т	Р
Я	Я	Н	Ж	Л	Й	И	Ш	Ю	Т	Т	Я	Ю	Т	Ъ	А
Т	Е	Т	И	З	Н	Е	Т	Н	И	И	И	А	А	Н	Ж
Н	В	О	Ж	О	А	Ь	П	Е	Ч	Ч	Ц	Д	Т	Е	Е
С	П	О	Н	Т	А	Н	Е	Н	Е	Н	И	Я	Е	Ч	Н
М	Е	Б	А	Ш	Ч	У	Е	А	Н	О	У	С	Р	И	И
Т	О	М	Г	Р	Ю	У	М	Щ	Щ	С	Т	Н	Б	Т	Е
В	И	Д	Е	Н	И	Я	В	Е	Б	Т	Н	О	О	С	К
Е	М	О	Ц	И	И	А	Д	С	Н	Я	И	Т	З	И	Ф
М	Х	В	Р	Ж	Я	И	У	У	Т	И	Я	А	И	Т	Ж
Е	И	Н	Е	Л	Т	А	Ч	Е	П	В	Е	Ю	Щ	Р	Х
В	Д	Ъ	Х	Н	О	В	Е	Н	И	Е	А	И	У	А	Х

УМЕНИЕ
АРТИСТИЧЕН
АВТЕНТИЧНОСТ
ЯСНОТА
ДРАМАТИЧЕН
ЕМОЦИИ
ИЗРАЗ
ИДЕИ
ВЪОБРАЖЕНИЕ
ВПЕЧАТЛЕНИЕ
ИНТЕНЗИТЕТ
ИНТУИЦИЯ
ИЗОБРЕТАТЕЛЕН
ВДЪХНОВЕНИЕ
УСЕЩАНЕ
ЧУВСТВА
СПОНТАНЕН
ВИДЕНИЯ
ЖИЗНЕНОСТ

78 - Veicoli

В	Б	А	Х	П	Т	У	У	Ш	П	У	Ъ	В	Ь	Ш	П
Е	О	А	Е	А	У	П	В	У	Щ	Й	Г	А	И	Щ	О
Л	Ж	К	Л	Е	Т	А	Г	И	В	Д	В	К	Д	М	Д
О	Х	О	И	С	К	А	Т	Л	М	Т	Б	Л	Ч	П	В
С	И	Л	К	У	Ф	К	К	Б	Д	Щ	У	Ж	А	С	О
И	Б	А	О	Б	Ф	Д	Л	И	Н	Е	Й	К	А	К	Д
П	А	Т	П	О	У	О	Ф	Е	Р	И	Б	О	Т	Ъ	Н
Е	И	Е	Т	Т	М	Л	У	Я	Р	Е	Т	У	К	С	И
Д	Я	К	Е	В	Й	Т	С	А	Л	Ш	Р	Ч	Ф	Ь	Ц
Ц	П	А	Р	А	И	Е	А	Н	А	В	А	Р	А	К	А
И	Е	Р	В	Г	Л	Л	Я	У	Н	Ъ	К	Ц	И	Й	Щ
М	Е	Т	Р	О	У	О	О	У	Ж	С	Т	Ъ	Ю	Ф	Ъ
Д	А	Ъ	Л	В	Й	М	Ж	А	Б	Н	О	И	М	А	К
Д	Ъ	Е	Л	Я	М	А	И	У	Я	Ь	Р	Т	Ф	Ц	Д
Ш	Ю	Б	Л	П	П	С	Н	Л	А	Д	Ф	Е	П	Щ	Ж
Д	Ю	Р	Ю	Б	У	Ц	Й	Е	К	Л	П	Е	Л	Ъ	Ж

САМОЛЕТ
ЛИНЕЙКА
КОЛА
АВТОБУС
ЛОДКА
ВЕЛОСИПЕД
КАМИОН
КАРАВАНА
ХЕЛИКОПТЕР
МЕТРО
ДВИГАТЕЛ
ГУМИ
РАКЕТА
СКУТЕР
ПОДВОДНИЦА
ТАКСИ
ФЕРИБОТ
ТРАКТОР
ВЛАК
САЛ

79 - Natura

Я	Ф	Б	В	М	О	В	А	Ц	Щ	Ю	Щ	Ю	Щ	Л	Ж
А	Ф	У	Ч	У	Ч	К	Н	М	Ч	У	Ж	Х	Х	А	И
У	Ъ	Ф	Д	Х	Х	М	К	К	С	Ф	Б	Ш	Ш	Ю	З
П	О	Ч	И	С	Я	У	Р	Я	Н	И	Т	С	У	П	Н
Д	И	В	О	Б	Л	А	Ц	И	Н	Т	О	В	И	Ж	Е
Ь	Н	К	В	К	Ш	И	Р	З	Л	И	Ч	Б	Л	И	Н
П	О	Д	С	Л	О	Н	Е	О	С	Л	С	Н	Е	К	О
Ю	Е	Ф	О	Я	Р	И	Б	Р	Г	Ю	В	С	Ч	С	В
Г	К	П	Р	Я	Щ	Н	Р	Е	А	К	Е	Р	П	Е	А
У	Ь	Д	К	Ш	Ч	А	Х	Л	Л	К	Т	С	Е	Ч	Ж
И	Б	Ф	И	Ю	Ь	Л	Ч	В	Г	М	И	Т	Т	И	Н
Ф	Л	Д	Н	Ь	К	П	Ш	Д	Ъ	Ю	Л	Т	Ш	П	И
И	Щ	П	Д	Л	Н	А	П	Щ	М	Й	И	С	К	О	Ч
М	Е	Н	Е	Ч	И	М	А	Н	И	Д	Щ	Г	Ц	Р	Н
Н	Ш	Ш	Л	Д	С	С	Б	Б	Д	К	Е	Ъ	О	Т	А
Ч	У	Ь	Ф	Д	Ф	Ю	Т	К	Р	А	С	О	Т	А	Ф

ЖИВОТНИ
ПЧЕЛИ
АРКТИКА
КРАСОТА
ПУСТИНЯ
ДИНАМИЧЕН
ЕРОЗИЯ
РЕКА
ЛИСТ
ГОРА
ЛЕДНИК
ПЛАНИНИ
МЪГЛА
ОБЛАЦИ
ПОДСЛОН
СВЕТИЛИЩЕ
ДИВ
ТРОПИЧЕСКИ
ЖИЗНЕНОВАЖНИ

80 - Balletto

А	К	И	Т	К	А	Р	П	Т	М	Я	Ж	Ц	С	Ш	И
И	Р	О	Ь	Ц	Н	А	Т	Я	С	У	Я	Ц	Т	Ф	Н
А	П	Т	Б	А	Л	Е	Р	И	Н	А	З	Ъ	И	Ю	Т
Р	У	С	И	Т	Я	К	О	Ц	Х	Ю	И	И	Л	Я	Е
Ч	Б	Е	Г	С	Н	Р	К	И	К	У	З	Т	К	Ю	Н
Е	Л	Ж	Б	Д	Т	У	П	Т	В	Д	Р	Н	Х	А	З
Т	И	Я	Е	Щ	Е	И	Н	Е	М	У	А	Е	О	Ь	И
И	К	Ч	Ю	Й	Ш	К	Ч	П	И	О	З	М	Р	Г	Т
Л	А	О	Г	Ю	У	Ф	Ь	Е	Ь	Р	И	С	Е	Б	Е
У	Т	Е	Х	Н	И	К	А	Р	Н	К	Т	И	О	Ш	Т
К	О	М	П	О	З	И	Т	О	Р	Е	Е	Д	Г	У	Ф
С	И	Ъ	Р	М	Ц	Р	Ц	Ь	Ж	С	Л	О	Р	Ч	Щ
У	К	Р	В	И	Р	М	С	Е	Ь	Т	Е	Л	А	Р	Ю
М	О	Ж	Д	Й	Т	Ч	Ф	К	Ч	Ъ	Н	П	Ф	Д	У
Ж	Ш	М	Ф	Л	Б	Ъ	В	К	А	Р	А	А	И	Х	А
С	О	Л	О	Б	А	Щ	М	Ь	Ъ	Т	Р	Ч	Я	Ю	Л

УМЕНИЕ
АПЛОДИСМЕНТИ
АРТИСТИЧЕН
СОЛО
БАЛЕРИНА
ТАНЦЬОРИ
КОМПОЗИТОР
ХОРЕОГРАФИЯ
ИЗРАЗИТЕЛЕН
ЖЕСТ
ИНТЕНЗИТЕТ
МУСКУЛИТЕ
МУЗИКА
ОРКЕСТЪР
ПРАКТИКА
РЕПЕТИЦИЯ
ПУБЛИКА
РИТЪМ
СТИЛ
ТЕХНИКА

81 - Paesi #1

Б	Ж	Н	А	Д	Е	Я	И	Н	А	П	С	И	Н	И	В
Р	Х	У	Я	И	Н	А	М	Р	Е	Г	Ч	Я	О	Н	Е
А	М	Р	Г	С	О	К	Ц	М	А	К	П	Д	Р	Д	Н
З	К	А	Р	Л	Е	А	Р	З	И	К	А	Ь	В	И	Е
И	М	Т	Л	М	С	М	Р	Р	Р	П	Н	Ч	Е	Я	Ц
Л	О	Ь	Ю	И	С	Б	Ю	У	С	Р	А	Ф	Г	И	У
И	Г	П	И	О	К	О	Р	А	М	В	М	Т	И	Д	Е
Я	И	Б	И	Л	Г	Д	Ю	Ш	А	Ъ	А	Е	Я	Н	Л
М	Й	О	Й	Г	Р	Ж	Я	Л	У	Ю	Н	П	Й	А	А
К	А	Н	А	Д	А	А	Ж	О	Е	Я	Ч	И	М	Л	Ц
С	Е	Н	Е	Г	А	Л	Ц	П	А	Х	В	Г	Я	Н	Ц
В	И	Е	Т	Н	А	М	Я	К	Т	Ю	Й	Е	Ц	И	Ч
Л	Х	Ч	Я	П	Ж	Д	Й	М	И	Ю	М	Л	К	Ф	Д
Й	Т	Н	Ю	Ь	Н	Ч	Ч	О	Ц	Ъ	Ю	Ф	Ч	Щ	Н
М	Щ	У	Е	Е	К	Т	В	Ч	Ч	Т	К	С	Ц	Я	Е
Ъ	Я	О	Д	Ш	О	Ц	У	Ш	Й	В	Ь	Й	Ф	Т	Ъ

БРАЗИЛИЯ
КАМБОДЖА
КАНАДА
ЕГИПЕТ
ФИНЛАНДИЯ
ГЕРМАНИЯ
ИНДИЯ
ИРАК
ИЗРАЕЛ
ЛИБИЯ
МАЛИ
МАРОКО
НОРВЕГИЯ
ПАНАМА
ПОЛША
РУМЪНИЯ
СЕНЕГАЛ
ИСПАНИЯ
ВЕНЕЦУЕЛА
ВИЕТНАМ

82 - Geometria

Г	Ш	А	К	Р	Ъ	Г	Ю	Н	Х	Я	У	Л	И	У	Г
С	М	И	З	Ч	И	С	Л	Е	Н	И	Е	О	З	Х	Щ
П	И	Щ	Н	П	К	М	Ж	Ф	Б	Р	Л	Г	М	Л	П
Т	О	М	М	Щ	Т	А	Г	В	М	О	У	И	Е	О	В
Х	Р	В	Е	Н	О	М	Е	Р	Х	Е	Ь	К	Р	К	Ф
О	Ъ	И	Ъ	Т	Ш	П	М	Ъ	Ъ	Т	Б	А	Е	Й	Й
Р	О	Ц	Ъ	Р	Р	А	О	Г	Я	Ю	Ч	Л	Н	Х	Я
И	Ж	Ф	Р	Г	Х	И	О	Ъ	Д	Щ	П	К	И	Д	И
З	Н	Б	У	Т	Ъ	Н	Я	Л	Д	О	Й	Р	Е	Д	Ц
О	Щ	И	К	М	Д	Л	О	Д	И	А	М	Е	Т	Ъ	Р
Н	Ъ	Т	Ж	Л	Д	Ъ	Н	С	Н	Н	П	Х	А	Ч	О
Т	О	С	Ч	Б	К	Щ	Ь	И	Т	А	В	И	Р	К	П
А	Н	И	Ч	О	С	И	В	А	К	И	Л	И	Р	П	О
Л	Е	К	А	Р	П	Ю	Ц	П	Е	Д	Е	Ю	Х	Т	Р
Е	С	Е	Г	М	Е	Н	Т	Б	И	Е	Ф	С	Щ	Ъ	П
Н	У	Р	А	В	Н	Е	Н	И	Е	М	Ъ	П	Ь	Щ	Ж

ВИСОЧИНА
ЪГЪЛ
ИЗЧИСЛЕНИЕ
КРЪГ
КРИВА
ДИАМЕТЪР
ИЗМЕРЕНИЕ
УРАВНЕНИЕ
ЛОГИКА
МЕДИАНА
НОМЕР
ХОРИЗОНТАЛЕН
ПРИЛИКА
ПРОПОРЦИЯ
СЕГМЕНТ
СИМЕТРИЯ
ПОВЪРХНОСТ
ТЕОРИЯ
ТРИЪГЪЛНИК

83 - Edifici

К	Ъ	М	А	З	Ь	С	Ф	Д	Р	Ш	П	Ж	Ш	С	Х
А	П	Ч	Ч	Е	Ь	Д	Е	М	Л	П	С	Ж	Ш	М	Б
Б	А	Ц	И	Н	Л	О	Б	И	Г	И	Н	Ф	Ю	Ъ	Л
И	Л	Е	Т	О	Х	П	М	Е	Ж	Я	С	К	А	Р	А
Н	А	П	О	Ю	Л	Ж	Ш	С	Т	Н	Ю	Е	Г	А	Б
А	Т	М	Т	П	Р	Г	Й	К	И	Н	О	Г	Й	Ь	О
Б	К	Й	К	С	У	П	Е	Р	М	А	Р	К	Е	Т	Р
Ц	А	Г	Р	Ь	Т	А	У	С	Ф	Ш	Е	О	З	П	А
Щ	Ч	Б	Щ	У	Х	Ц	Т	Ч	Т	Е	О	Д	У	Л	Т
П	О	С	О	Л	С	Т	В	О	И	А	Р	Ч	М	Е	О
Х	Х	Х	Д	Ш	П	Е	Ф	С	Е	Л	Д	М	А	В	Р
Ф	Ф	А	Б	Р	И	К	А	Е	В	У	И	И	А	Н	И
Е	Ъ	П	Т	Т	Е	А	Т	Ъ	Р	К	Ь	Щ	О	Я	Я
А	П	А	Р	Т	А	М	Е	Н	Т	Л	Н	Д	Е	Н	Ъ
Б	А	О	Б	С	Е	Р	В	А	Т	О	Р	И	Я	Б	Р
Ф	У	Н	И	В	Е	Р	С	И	Т	Е	Т	Я	А	Т	Ч

ПОСОЛСТВО
АПАРТАМЕНТ
КАБИНА
ЗАМЪК
КИНО
ФАБРИКА
ФЕРМА
ПЛЕВНЯ
ХОТЕЛ
ЛАБОРАТОРИЯ
МУЗЕЙ
БОЛНИЦА
ОБСЕРВАТОРИЯ
УЧИЛИЩЕ
СТАДИОН
СУПЕРМАРКЕТ
ТЕАТЪР
ПАЛАТКА
КУЛА
УНИВЕРСИТЕТ

84 - Malattia

Г	Е	Н	Е	Т	И	Ч	Е	Н	К	Й	Й	Н	П	З	В
Й	Д	А	Ц	Ц	И	О	И	Е	А	О	Щ	Е	Ч	Д	Ъ
Л	Г	Ю	К	О	Г	Й	У	Ч	К	Е	С	В	Щ	Р	З
П	О	Х	Ч	Щ	Р	В	Г	И	Н	Х	Л	Т	Й	А	П
С	Ъ	Р	Ц	Е	Е	К	Г	Н	В	Ч	Е	С	И	В	А
И	Д	Л	Ш	Б	Л	Я	Ь	О	Ч	М	Ч	Д	Т	Е	Л
Н	Ж	Я	И	Т	А	П	О	Р	В	Е	Н	Е	Я	И	Е
С	Т	К	П	Е	С	Л	Ь	Х	Ю	Н	У	Л	Л	В	Н
С	И	Н	Д	Р	О	М	С	Х	У	Ъ	Л	С	О	А	И
Б	А	К	Т	Е	Р	И	А	Л	Е	Н	Ъ	А	Ж	Н	Е
Д	И	Х	А	Т	Е	Л	Е	Н	И	Ь	К	Н	Р	М	Н
В	У	Л	С	П	И	М	Ц	Ь	З	А	Р	А	З	Е	Н
Б	Е	Л	О	Д	Р	О	Б	Е	Н	Ф	Ю	Е	Щ	Р	Л
Л	У	М	Б	А	Л	Н	И	Т	Е	И	Ж	Т	К	О	У
И	М	У	Н	И	Т	Е	Т	Ш	Щ	В	М	Ж	Н	К	К
П	Я	Б	Г	Т	Е	Р	А	П	И	Я	О	Р	Ю	Й	Я

КОРЕМНА
АЛЕРГИИ
БАКТЕРИАЛЕН
ЗАРАЗЕН
ТЯЛО
ХРОНИЧЕН
СЪРЦЕ
СЛАБ
НАСЛЕДСТВЕН
ГЕНЕТИЧЕН
ИМУНИТЕТ
ВЪЗПАЛЕНИЕ
ЛУМБАЛНИТЕ
НЕВРОПАТИЯ
КОСТИ
БЕЛОДРОБЕН
ДИХАТЕЛЕН
ЗДРАВЕ
СИНДРОМ
ТЕРАПИЯ

85 - Paesi #2

С	О	Ъ	Х	У	Е	К	У	О	В	В	С	Ф	Й	Ф	А
Х	Я	Е	Б	Ь	Т	Ч	Ч	К	И	Л	Г	Я	А	Д	Л
Ж	У	В	Ь	Е	И	Щ	Д	И	Р	Н	А	Д	У	С	Д
Т	А	Р	Е	Ь	О	К	М	С	Л	А	П	Е	Н	Т	А
Й	Д	Я	Ц	В	П	Г	М	К	Ч	Т	Й	Х	Щ	Л	Н
Я	Н	Е	М	И	И	Е	Ц	Е	Ж	С	Ж	Н	П	А	И
У	А	Л	Ю	Ь	Я	А	Ч	М	Д	И	Х	А	А	О	Я
Р	Г	Л	Е	Д	Б	Ж	Р	Ц	М	К	Й	Ш	К	С	И
Х	У	Л	И	Б	Е	Р	И	Я	Й	А	В	Ч	Й	Х	Ц
Ф	Н	С	Ю	Ж	А	Ю	В	Ж	Ъ	П	Б	Я	А	В	Р
Ъ	Й	Я	И	Д	Н	А	Л	Р	И	Е	Ф	В	М	Ц	Ъ
Ч	О	И	Т	Я	И	З	Е	Н	О	Д	Н	И	Я	Ч	Г
Щ	Ю	Н	И	Я	И	Р	Е	Г	И	Н	Ъ	Ш	Ш	У	Р
Х	Х	О	А	Ъ	Д	Р	Ш	Й	С	И	Ш	Ъ	П	Ц	Ю
Ъ	Ж	П	Х	Ь	Т	Я	И	Н	А	Б	Л	А	Ф	Ъ	Т
Е	Й	Я	Т	А	Х	Л	Е	С	Х	С	Л	Х	В	Т	С

АЛБАНИЯ
ДАНИЯ
ЕТИОПИЯ
ЯМАЙКА
ЯПОНИЯ
ГЪРЦИЯ
ХАИТИ
ИНДОНЕЗИЯ
ИРЛАНДИЯ
ЛАОС
ЛИБЕРИЯ
МЕКСИКО
НЕПАЛ
НИГЕРИЯ
ПАКИСТАН
РУСИЯ
СИРИЯ
СУДАН
УКРАЙНА
УГАНДА

86 - Tipi di Capelli

К	Ж	Х	К	А	Ф	Я	В	Б	Л	У	П	С	Г	Т	Е
И	Ъ	У	Ш	С	А	В	Ь	О	Ю	Р	Л	И	Ч	Д	Й
Г	Й	С	Ф	У	Т	О	Н	В	К	М	Е	П	Г	С	Ж
Т	Ъ	Ъ	Ш	Р	Щ	Б	Ш	Е	К	А	Ш	Ц	Й	О	В
Д	Л	Ж	Ъ	Ш	Ж	Ж	У	Щ	В	Ш	И	И	Я	Е	Ъ
Ф	С	Ь	У	Е	И	Ъ	Щ	Ж	Х	Л	В	Л	А	Т	Л
С	И	Д	С	Ц	С	Н	Д	Й	Е	Я	Ч	Е	А	У	Н
Р	В	А	К	С	Ъ	Л	Д	Н	Е	Т	Е	Л	П	С	О
М	Б	Р	Г	И	Я	Й	Й	Я	К	Г	Р	С	Ф	К	О
К	Ж	Й	В	П	А	Ц	У	У	Ъ	О	Е	Й	И	Л	Б
Ъ	Я	Ь	Ж	Р	В	Ц	В	Ш	Д	Г	Н	Х	Ц	Г	Р
К	С	С	Н	У	Н	Ю	Л	Н	Р	Л	Л	В	И	Ь	А
П	Ж	Ч	Ъ	Г	П	О	С	Щ	А	Ъ	Я	А	Р	М	З
П	Л	И	Т	К	И	М	Б	Я	В	Д	Б	Р	Д	Ч	Н
О	Ш	Я	М	Л	Х	Л	Е	Б	Е	Д	Х	Д	Ъ	К	И
Т	Ъ	Н	Ъ	К	Я	Ю	П	К	Ш	Р	Х	З	К	Р	А

СУХ
БЯЛ
РУСА
КЪС
ПЛЕШИВ
СИВ
СПЛЕТЕН
ГЛАДКА
ЛЪСКАВ
ДЪЛГО
КАФЯВ
МЕК
ЧЕРЕН
ВЪЛНООБРАЗНИ
КЪДРАВ
КЪДРИЦИ
ЗДРАВ
ТЪНЪК
ДЕБЕЛ
ПЛИТКИ

87 - Vestiti

Ю	О	Й	Х	Х	Н	Ф	Р	П	Л	Т	Б	Ь	Г	А	Ч
А	Т	Д	Ю	Ц	Л	П	О	Р	Ъ	К	А	В	И	Ц	И
Ш	Г	А	Ю	Г	П	Ж	К	Х	Щ	Ъ	К	Л	А	Ш	П
Г	С	Б	Р	Д	Ю	Ъ	Л	Ч	Д	М	Л	Т	О	В	А
К	А	М	А	Е	Т	Б	Я	К	М	И	И	В	Ш	П	Н
Е	О	С	Н	О	Б	У	В	К	А	Я	Т	П	А	Ц	Т
М	В	Л	В	И	Щ	В	Г	Л	Ф	К	С	А	П	Ъ	А
П	М	Я	И	Л	А	Д	Н	А	С	Е	Е	Л	К	К	Л
Щ	И	П	Р	Е	З	А	Ъ	Ж	Н	Ц	Р	Т	А	М	О
О	О	Ж	Г	Ю	У	О	Щ	Р	Т	Ж	П	О	Р	Ц	Н
А	Б	И	А	Ь	Л	Д	Н	И	П	М	О	Д	А	Ц	И
И	О	Ц	В	М	Б	Р	П	З	О	Ф	Ч	М	К	К	Ж
Е	В	Я	Р	Ш	А	Г	О	А	Д	Ъ	Н	К	И	О	У
Т	Д	Р	В	О	С	Ч	У	О	К	Х	Т	О	У	Л	М
Ь	Ь	Л	У	Ч	Ч	П	Й	Х	Р	У	Я	Ш	Й	А	Щ
Н	Б	Ю	Л	М	П	П	У	Л	О	В	Е	Р	В	Н	Щ

РОКЛЯ
ГРИВНА
БЛУЗА
РИЗА
ШАПКА
ПАЛТО
КОЛАН
КОЛИЕ
ЯКЕ
ПОЛА
ПРЕСТИЛКА
РЪКАВИЦИ
ДЪНКИ
ПУЛОВЕР
МОДА
ПАНТАЛОНИ
ПИЖАМА
САНДАЛИ
ОБУВКА
ШАЛ

88 - Attività e Tempo Libero

Ш	Я	Т	Ю	С	П	Б	А	С	К	Е	Т	Б	О	Л	Б
С	Ъ	Р	Ф	И	Р	А	Н	Е	Ц	Ь	Т	Р	М	Ш	Е
Г	П	А	Л	Н	Ж	Т	Ш	Ф	Ь	Щ	К	Е	И	К	Й
Н	Р	О	О	Е	С	И	П	О	В	И	Ж	Л	Ш	Ц	З
И	П	А	Г	Т	У	Б	П	Й	Ж	И	В	А	Х	Л	Б
П	А	Л	Д	Н	Ц	О	Т	О	Е	З	Ц	К	У	Е	О
М	Л	Г	У	И	Ш	Х	Е	И	Х	К	Я	С	У	Р	Л
Ъ	Г	Ь	Б	В	Н	Т	Ц	Р	Я	У	Л	И	Д	И	Ъ
К	Д	М	Ю	А	А	А	Ц	К	Ч	С	О	Р	М	Б	М
В	М	К	У	Щ	Я	Н	Р	У	У	Т	Б	А	И	О	Т
С	Ж	Ч	М	Р	Ф	С	Е	С	Ш	В	Й	Щ	Ч	Л	И
Ф	Е	В	Й	Е	К	Ц	Я	К	Т	О	Е	А	Ю	О	Н
Н	Й	Н	Ч	Ш	Й	А	Я	О	П	В	Л	Й	Б	В	Л
Т	У	Р	И	З	Ъ	М	Н	Б	С	Л	О	Б	Т	У	Ф
П	Ъ	Т	У	В	А	М	К	Е	Х	Ч	В	М	К	Ф	С
Ь	П	А	З	А	Р	У	В	А	Н	Е	К	Ж	Л	Ф	Ш

ИЗКУСТВО
БЕЙЗБОЛ
БАСКЕТБОЛ
БОКС
ФУТБОЛ
КЪМПИНГ
ТУРИЗЪМ
ГРАДИНАРСТВО
ГОЛФ
ХОБИТА

ГМУРКАНЕ
ПЛУВАНЕ
ВОЛЕЙБОЛ
РИБОЛОВ
ЖИВОПИС
РЕЛАКСИРАЩА
ПАЗАРУВАНЕ
СЪРФИРАНЕ
ТЕНИС
ПЪТУВАМ

89 - Tecnologia

Б	Н	В	О	Р	Ф	И	Ц	Т	Б	Ш	Я	М	Р	Ж	Б
Е	Р	У	И	С	О	Ф	Т	У	Е	Р	К	Ч	В	Д	О
И	Е	А	У	Р	Л	Щ	Ч	Ь	Ь	Д	У	Я	С	Р	Д
О	Н	Ц	У	Ь	Т	Ф	И	Р	Ш	А	Р	Е	М	А	К
Г	А	Т	Ф	З	С	У	Р	И	В	Н	С	О	Х	К	Щ
Б	В	Х	Е	Т	Ъ	Ъ	А	Ь	Г	Н	О	Е	Р	И	Р
И	Д	Т	И	Р	Т	Р	К	Л	В	И	Р	Х	В	Т	Я
Р	Е	Н	Н	М	Н	А	Р	К	Е	Ж	Ш	Ц	Д	С	О
Ч	Л	И	Е	Ж	Р	Е	Ъ	Ъ	В	Н	Ш	Щ	Ш	И	Щ
Й	С	Н	Щ	Ю	И	Л	Т	А	О	Ф	Я	Я	Н	Т	Ю
Т	З	Ф	Б	А	У	Ъ	Ю	Щ	Т	М	Е	Ц	О	А	Ж
Ъ	И	Г	О	Л	Б	С	П	О	Й	О	Е	Ъ	Ь	Т	О
Ц	М	И	Ъ	П	Б	Ж	М	Ж	А	О	Ч	Л	Ц	С	Ф
Т	М	Р	С	Е	Щ	Е	О	Щ	Б	Е	С	И	А	Ш	А
К	Ф	П	Ч	Ж	Т	Р	К	Г	Р	Я	П	Ц	Л	Ш	Й
Г	Щ	Ю	С	И	Г	У	Р	Н	О	С	Т	Я	Ф	А	Л

БЛОГ
БРАУЗЪР
БАЙТОВЕ
КОМПЮТЪР
КУРСОР
ДАННИ
ЦИФРОВ
ФАЙЛ
ШРИФТ
ИНТЕРНЕТ
СЪОБЩЕНИЕ
ИЗСЛЕДВАНЕ
ЕКРАН
СИГУРНОСТ
СОФТУЕР
СТАТИСТИКА
КАМЕРА
ВИРТУАЛЕН
ВИРУС

90 - Meteo

Ж	Й	А	Р	У	Т	А	Р	Е	П	М	Е	Т	Д	Е	Л
Ь	Б	И	Т	Я	Ю	Я	А	Г	Л	Ч	Ц	Л	Ъ	Б	П
Т	К	Б	Щ	М	Ъ	Р	Г	Ш	А	Я	Г	Я	Г	У	В
Е	О	К	Й	С	О	С	М	А	П	Н	Ш	А	А	Р	Н
С	Ф	Р	Л	И	К	С	Е	Ч	И	П	О	Р	Т	Я	Ш
Б	К	Ъ	Н	К	В	М	Ф	Ю	Ч	Ф	П	Ш	Ц	Х	П
Ц	Л	Т	Ю	А	Б	Ъ	Я	Е	Ъ	Ц	О	О	Р	Ф	М
И	О	Я	Ю	К	Д	В	Ж	О	Р	Т	Л	Е	Ш	Ъ	Ь
П	Щ	В	К	С	Х	О	М	Й	Г	А	Я	Ъ	М	Л	Р
С	О	О	Б	Л	А	К	Ж	С	Т	С	Р	Б	Х	Щ	Т
П	К	Л	И	М	А	Т	Р	И	Ч	Ю	Н	О	С	У	М
О	Й	Ж	Н	А	Г	А	Р	У	Й	Ъ	И	Е	Б	Б	С
К	А	Д	Е	Е	В	Е	М	Н	В	Ь	Р	У	О	Г	У
О	У	Ч	Б	Я	Р	А	Ю	Л	О	Л	С	У	Ш	А	Ч
Е	Ц	Й	Е	М	Й	О	К	Ф	М	Ъ	Г	Л	А	И	У
Н	Ж	Н	Г	Й	Е	О	Щ	Й	Щ	Щ	Ж	Ф	Т	И	Т

ДЪГА
СУХ
АТМОСФЕРА
СПОКОЕН
НЕБЕ
КЛИМАТ
ЦИП
ЛЕД
МУСОН
МЪГЛА
ОБЛАК
ПОЛЯРНИ
СУША
ТЕМПЕРАТУРА
БУРЯ
ТОРНАДО
ТРОПИЧЕСКИ
ГРЪМ
УРАГАН
ВЯТЪР

91 - Corpo Umano

Я	К	Р	Ж	Ъ	К	О	Ж	А	В	О	П	Х	У	О	Й
Д	Й	Я	О	Ю	Ъ	Х	Н	Б	Е	Ц	Р	Ъ	С	О	Щ
Х	Р	Д	Е	Ю	З	У	Е	Я	Х	Ь	Ъ	Й	Б	Ж	Н
Ф	Е	Й	К	Б	О	Д	З	Ю	Л	П	С	Л	Ж	Б	Я
К	Р	Ъ	В	М	М	Х	Е	Н	И	О	Т	А	Т	С	У
Й	Й	А	Г	А	Л	О	Л	Б	В	Я	К	К	А	Р	К
В	Р	А	Т	А	А	С	Г	С	О	Н	Я	Ъ	Х	Ъ	Ц
Ц	Н	К	Ц	И	Е	Щ	Ч	Т	К	Р	Щ	Т	Н	Д	К
Г	М	Ч	М	Н	О	Л	Ю	О	О	А	Р	Я	Ч	Х	Б
С	К	И	А	Л	Г	И	И	М	Ж	М	Г	Ъ	Й	Ч	И
А	Г	Д	Д	Ь	С	Ц	Ъ	А	Ж	О	П	Л	К	О	Ъ
Ц	Ъ	А	Р	И	У	Е	К	Х	М	Г	П	К	А	А	Ь
Й	Г	Р	Ь	П	Х	Й	Ж	Б	Я	Й	Ш	М	Б	В	Ж
Д	М	Б	П	Щ	Ш	С	О	Л	Б	Д	Щ	Ф	Н	Ю	А
С	Е	М	Ж	Я	Г	И	Д	Д	Л	М	Т	Ь	Ф	Л	С
Ж	Ю	Х	Л	У	Ю	Ь	А	А	Й	Ч	Г	Ч	Ю	Г	Й

УСТА
ГЛЕЗЕН
МОЗЪК
ВРАТА
СЪРЦЕ
ПРЪСТ
ЛИЦЕ
КРАК
КОЛЯНО
ЛАКЪТ

РЪКА
БРАДИЧКА
НОС
ОКО
УХО
КОЖА
КРЪВ
РАМО
СТОМАХ
ГЛАВА

92 - Mammiferi

Н	Я	Е	Ш	С	М	Е	Ь	Г	Ю	У	Щ	К	Щ	П	С
М	С	Я	Ш	Е	С	Ь	Ъ	В	Ц	Ь	С	О	И	Ж	Р
У	Й	З	Е	Л	Е	Н	И	Ф	Л	Е	Д	Т	Ч	Т	З
Ю	Ф	А	Р	И	Ж	О	Х	Н	Щ	Ж	Я	К	Е	Л	Е
Л	Г	Е	К	Ч	В	К	Е	М	Д	В	Р	А	Ъ	В	Б
Н	И	К	Н	Ч	Ч	Н	Т	И	Ъ	С	О	Л	Т	Ю	Р
К	Л	С	Н	У	Е	И	Ъ	С	К	К	Ф	Л	Ъ	В	А
М	Ь	Ц	И	Ц	Р	М	Ь	А	В	О	И	Ж	К	С	Д
Ю	У	Г	Ч	Ц	В	Ж	Л	Ц	И	Г	И	Т	Р	Ц	Д
Ю	Л	Б	К	П	А	Ъ	Д	Х	Ч	Н	К	О	Ц	Ж	И
О	Ч	Я	У	Ь	Х	Ь	Ф	Т	В	И	Ъ	Й	Б	Л	Р
В	Л	Т	Ч	Ю	Ц	О	Й	Щ	Ю	Я	Е	О	Я	И	Ь
Ц	О	Н	Е	О	Ц	Б	И	К	С	К	Щ	К	П	Ч	Д
А	М	А	Й	М	У	Н	А	И	Я	И	У	П	П	Я	М
Г	О	Р	И	Л	А	К	Е	Н	Г	У	Р	У	Д	Ж	Ч
В	Ъ	Л	К	И	Л	Х	С	Л	О	Н	Я	Й	Р	Ш	Г

КИТ
КУЧЕ
КЕНГУРУ
КОН
ЕЛЕН
ЗАЕК
КОЙОТ
ДЕЛФИН
СЛОН
КОТКА
ЖИРАФ
ГОРИЛА
ЛЪВ
ВЪЛК
МЕЧКА
ОВЦА
МАЙМУНА
БИК
ЛИСИЦА
ЗЕБРА

93 - Cucina

Щ	Ш	К	Н	Л	Ъ	П	Д	С	Р	Е	З	И	Р	Ф	Ж
Т	Г	Ж	А	Е	М	Р	Ц	М	Е	В	О	Ж	О	Н	Х
К	Е	К	У	Ч	Л	Ъ	Ю	Й	Ц	Л	Ъ	Ж	И	Ц	И
С	О	И	У	Х	Ч	Ч	Ш	Ь	Е	Х	Ч	А	Ш	И	Ц
К	Щ	Н	С	П	К	И	М	И	П	А	Р	А	К	С	И
А	Ф	Л	О	Щ	А	Ц	К	К	Т	Н	Я	А	И	Я	Л
Н	Г	И	Б	О	П	И	Ъ	А	А	Р	Ч	Ю	Н	В	И
А	Ъ	Д	С	Ц	Р	Ц	Ф	Н	С	У	М	Е	Й	А	В
Р	Н	А	Н	И	Е	Щ	Т	А	С	Ф	Я	О	А	Л	Я
И	Г	Л	Л	Д	Ч	А	О	П	А	Е	Ч	Ф	Ч	В	М
Ю	Н	Х	Б	У	Р	К	А	Н	Л	Г	Я	Ф	П	Л	Ц
Ъ	Б	Ш	Х	Ч	Н	И	Н	Я	Ф	Ъ	П	В	Ф	М	С
И	Ъ	Х	Ц	Ц	Е	Б	Ж	Н	Е	Б	Я	К	Ф	Ч	С
Ъ	П	Г	Н	Х	Б	П	Ю	Я	Т	А	Ц	Ч	Х	Й	Д
П	Р	Е	С	Т	И	Л	К	А	К	Ш	У	Н	Д	П	О
П	О	Д	П	Р	А	В	К	И	А	Я	Ч	В	Т	Ч	Б

ПРЪЧИЦИ
ЧАЙНИК
КАНА
ХРАНА
КУПА
НОЖОВЕ
ФРИЗЕР
ЛЪЖИЦИ
ВИЛИЦИ
ФУРНА
ХЛАДИЛНИК
ПРЕСТИЛКА
СКАРА
ЧЕРПАК
РЕЦЕПТА
ПОДПРАВКИ
ГЪБА
ЧАШИ
САЛФЕТКА
БУРКАН

94 - Universo

Р	Ц	С	А	Щ	Л	Ь	Я	В	И	Д	И	М	Т	С	Т
С	Е	Р	Д	Ъ	Л	Ж	И	Н	А	Н	И	Р	И	Ш	Ь
Е	Л	Ю	О	Г	Я	М	М	Ц	К	Ч	У	У	А	Г	Щ
Т	Ц	Ъ	Щ	Ч	В	Р	О	К	И	У	Г	О	Т	Х	Ф
Ш	Ъ	Ь	Н	И	С	Ъ	Н	П	Т	Н	О	Ц	М	О	Ш
Ф	Ц	М	А	Ч	Ч	И	О	Х	К	С	Р	Ч	О	Р	Е
Л	У	Я	Н	Ф	Е	Ш	Р	Ж	А	Н	Б	Ц	С	И	М
Ж	У	С	Я	И	У	В	Т	Ю	Л	Е	И	П	Ф	З	А
Е	П	Н	Ш	К	Н	Н	С	О	А	Б	Т	Е	Е	О	С
М	О	Д	А	С	У	А	А	О	Г	Е	А	Х	Р	Н	Т
К	К	В	М	П	О	Л	У	К	Ъ	Л	Б	О	А	Т	Р
А	С	Т	Е	Р	О	И	Д	Н	Е	Б	Е	С	Е	Н	О
И	Е	С	Л	Ъ	Н	Ц	Е	С	Т	О	Е	Н	Е	Й	Н
Д	Л	К	О	С	М	И	Ч	Е	С	К	И	Й	И	Ф	О
О	Е	К	Г	Л	У	Л	Д	Ь	К	Ч	Х	Ц	О	Ц	М
З	Т	Ш	Х	И	Я	В	Ц	Ъ	Ж	О	А	Е	А	Ч	Б

АСТЕРОИД
АСТРОНОМИЯ
АСТРОНОМ
АТМОСФЕРА
ТЪМНИНА
НЕБЕСЕН
НЕБЕ
КОСМИЧЕСКИ
ПОЛУКЪЛБО
ГАЛАКТИКА
ШИРИНА
ДЪЛЖИНА
ЛУНА
ОРБИТА
ХОРИЗОНТ
СЛЪНЧЕВ
СЛЪНЦЕСТОЕНЕ
ТЕЛЕСКОП
ВИДИМ
ЗОДИАК

95 - Jazz

Г	Ц	С	Ю	Н	Щ	Ж	Я	К	Ч	А	Т	П	Ж	Ч	А
Ц	Б	Е	Ъ	А	П	О	Ш	И	А	П	Е	Е	Л	Х	Ц
Х	Р	К	Х	Р	Т	Ю	И	Н	Ю	Л	Х	С	К	И	Ю
Н	И	М	И	Б	Ю	Л	А	Ж	Щ	О	Н	Е	Ь	П	Н
К	О	М	П	О	З	И	Т	О	Р	Д	И	Н	И	Т	А
С	Ъ	Т	И	Д	Г	Т	Н	Д	Ъ	И	К	Е	М	А	Л
Е	Ъ	Н	А	Я	Я	С	Е	У	Т	С	А	Т	П	С	Б
Н	Я	С	В	Л	Ф	В	Ц	Х	С	М	К	С	Р	Т	У
Р	Б	Е	Т	В	А	В	К	Х	Е	Е	И	Е	О	А	М
И	Е	Ц	Р	А	Р	Н	А	Ж	К	Н	З	В	В	Р	Ф
Т	Г	Ц	Е	Ъ	В	Н	Т	С	Р	Т	У	З	И	Й	С
Ъ	Ь	Г	Ц	С	А	О	И	Г	О	И	М	И	З	Ц	О
М	Х	Д	Н	Ж	Ш	В	П	У	Г	Ъ	Г	Б	А	Б	К
А	Г	К	О	Ъ	А	Е	Л	А	Ю	Р	Н	М	Ц	Ю	Ю
Я	Й	Ю	К	Д	К	П	Н	Г	С	Л	Щ	Д	И	У	Ш
П	О	О	У	Ц	Ш	В	Ц	С	Х	Д	П	Ф	Я	Й	С

АЛБУМ
АПЛОДИСМЕНТИ
ХУДОЖНИК
ПЕСЕН
КОМПОЗИТОР
СЪСТАВ
КОНЦЕРТ
АКЦЕНТ
ИЗВЕСТЕН
ЖАНР
ИМПРОВИЗАЦИЯ
МУЗИКА
НОВ
ОРКЕСТЪР
ЛЮБИМИ
РИТЪМ
СТИЛ
ТАЛАНТ
ТЕХНИКА
СТАР

96 - Vacanze #2

П	Е	Щ	Ц	Р	Ъ	Щ	Р	П	П	Щ	К	В	Ч	Ж	Д
Т	Р	О	П	С	А	П	П	Е	Ъ	Е	С	Л	Ъ	Х	О
Р	Я	А	Т	Р	А	К	Л	Ч	С	Т	С	А	У	О	Ц
А	Л	А	З	И	В	Д	А	У	С	Т	У	К	Щ	Т	Ф
Н	Ф	О	Х	Н	Ч	М	Ж	Ж	У	Б	О	В	Ф	Е	Л
С	В	Х	В	И	И	А	Г	Д	К	Ф	Г	Р	А	Л	Ю
П	Ю	Б	Г	Н	Ж	К	Ж	Е	И	С	Ц	С	А	Н	С
О	Щ	М	Я	А	Е	Т	Г	Н	И	П	М	Ъ	К	Н	Е
Р	Ж	В	В	Л	А	А	Ж	Е	Т	А	К	С	И	А	Т
Т	Н	Щ	Й	П	Н	Л	К	Ц	Г	Я	Г	А	Й	Щ	Ю
Д	Е	С	Т	И	Н	А	Ц	И	Я	Л	Н	У	Й	Б	Р
Е	Е	Ф	Е	В	К	П	Н	А	У	Е	Г	Н	Л	О	Ь
О	С	Т	Р	О	В	Ф	Ж	Д	Ю	Т	Ш	Д	А	Ъ	Р
М	Ш	Ф	О	Е	Н	Ъ	Ю	С	Ч	И	Ю	Н	С	Б	Р
С	Н	И	М	К	И	Ь	Ч	Ш	Ф	Щ	Ц	И	Ч	М	Щ
К	А	Ъ	О	Щ	С	Х	Е	Н	О	Е	Б	Ж	Щ	Щ	С

ЛЕТИЩЕ
КЪМПИНГ
ДЕСТИНАЦИЯ
СНИМКИ
ХОТЕЛ
ОСТРОВ
КАРТА
МОРЕ
ПЛАНИНИ
ПАСПОРТ
РЕСТОРАНТ
ПЛАЖ
ЧУЖДЕНЕЦ
ТАКСИ
ПАЛАТКА
ТРАНСПОРТ
ВЛАК
ПРАЗНИК
ПЪТУВАНЕ
ВИЗА

97 - Attività

Ш	Л	К	Ю	Ъ	У	Ч	Л	Ю	Ь	У	Д	К	И	Б	Ш
Я	И	Ф	А	Р	Г	О	Т	О	Ф	Д	Е	Ъ	З	И	Н
Р	Т	Е	М	А	Г	И	Я	Б	Я	О	Й	М	К	Н	О
Т	Я	И	Н	Т	О	Ц	Д	В	И	В	Н	П	У	Т	У
Б	А	Н	Х	Е	А	Я	А	В	Г	О	О	И	С	Е	Р
Я	Н	Е	П	Д	Ж	Н	Г	А	Р	Л	С	Н	Т	Р	Е
С	А	М	Ъ	Ю	Ч	С	Ц	Й	А	С	Т	Г	В	Е	Л
Ю	З	У	З	М	Е	В	Ъ	И	Д	Т	И	С	О	С	А
Х	Ъ	Т	Е	С	Т	Ш	К	Н	И	В	Х	Г	Ч	И	К
А	Ц	К	Л	Ж	Е	Т	Ц	М	Н	И	И	О	Р	М	С
Ю	И	Ю	И	Ш	Н	Г	Б	К	А	Е	Л	М	Е	И	А
К	Ч	Х	У	А	Е	А	И	И	Р	В	У	Т	Я	В	Ц
Т	У	Р	И	З	Ъ	М	Т	Т	С	Ш	К	Р	У	Б	И
К	Е	Р	А	М	И	К	А	Ж	Т	Л	О	В	Я	О	Я
П	П	Ф	Ю	Р	Ф	Б	Б	Л	В	О	Л	О	Б	И	Р
Ч	Ч	Я	В	В	Я	К	Ж	С	О	Ю	У	Р	Й	Г	У

УМЕНИЕ
ИЗКУСТВО
ЗАНАЯТИ
ДЕЙНОСТ
ЛОВ
КЪМПИНГ
КЕРАМИКА
ШИЕНЕ
ТАНЦИ
ТУРИЗЪМ
ФОТОГРАФИЯ
ГРАДИНАРСТВО
ИГРИ
ИНТЕРЕСИ
ЧЕТЕНЕ
МАГИЯ
РИБОЛОВ
УДОВОЛСТВИЕ
ПЪЗЕЛИ
РЕЛАКСАЦИЯ

98 - Diplomazia

Ж	Е	П	Щ	Я	К	Й	П	Д	Р	О	В	О	Г	О	Д
Д	Ч	В	У	П	Х	Щ	О	Ж	Е	А	Ъ	Ч	Ш	Ц	Ц
П	Ш	А	К	Ч	Ч	В	С	Г	Ш	А	В	Л	В	Г	Д
О	Р	Ь	Б	Г	Г	И	Л	Ш	Е	Ф	Т	Ъ	Н	О	Ц
Б	Ц	А	Ш	Б	Й	С	А	Р	Н	М	Е	Ф	О	С	И
Щ	Х	П	В	В	Ж	Р	Н	Г	И	Ц	Я	Т	Н	Е	К
Н	Е	О	С	И	И	Ц	И	З	Е	Ю	Х	С	И	Ю	С
О	Р	С	Ъ	Н	Т	А	К	И	Т	И	Л	О	П	К	Н
С	Е	О	В	А	К	Е	Н	Я	Й	Ш	И	Л	Д	Ч	А
Т	З	Л	Е	Д	И	П	Л	И	Ц	И	Й	Я	К	К	Д
Ч	О	С	Т	Ж	Л	Ч	Г	С	А	О	М	Ц	Л	Ш	Ж
Ф	Л	Т	Н	А	Ф	Ж	Ж	У	Т	У	Ю	Г	С	У	А
С	Ю	В	И	Р	Н	Й	Н	К	Б	В	В	Щ	Р	Ь	Р
П	Ц	О	К	Г	О	Й	М	С	Ь	Ч	О	Л	А	Ц	Г
А	И	С	Б	Ж	К	Н	Б	И	И	Н	А	П	М	А	К
Х	Я	С	П	Р	А	В	Е	Д	Л	И	В	О	С	Т	У

ПОСОЛСТВО
ПОСЛАНИК
КАМПАНИИ
ГРАЖДАНИ
ГРАЖДАНСКИ
ОБЩНОСТ
КОНФЛИКТ
СЪВЕТНИК
ДИСКУСИЯ
ЕТИКА
СПРАВЕДЛИВОСТ
ПРАВИТЕЛСТВО
ЦЯЛОСТ
ЕЗИЦИ
ПОЛИТИКА
РЕЗОЛЮЦИЯ
РЕШЕНИЕ
ДОГОВОР

99 - Forniture Artistiche

И	Щ	Б	Д	Щ	Т	М	Г	Л	И	Н	А	Б	Л	Ь	О
В	Д	С	А	Ч	М	О	Ц	Б	Ф	Т	С	Ц	К	Й	Ю
Л	Б	Г	М	Н	Е	Л	И	Р	К	А	Т	А	Я	Ч	С
Ь	Х	Д	Ф	О	Ж	И	Е	Д	И	Д	О	Б	О	Ш	Р
М	Ж	В	Щ	Л	У	В	Ь	М	О	О	Л	Ъ	Н	Ф	М
Ж	Г	У	О	И	Ш	И	Л	И	Б	В	Ъ	Ф	К	О	Г
П	Р	Д	Ъ	Т	Л	Е	П	И	Л	О	Р	Д	Б	Ь	Г
Ю	Ж	Т	Я	С	В	В	Г	К	К	А	М	Е	Р	А	Е
Щ	Л	Н	Е	А	П	О	Ф	Т	А	Г	Ц	С	Ш	Ю	Й
Т	Х	Х	Е	М	Т	Т	Р	Е	С	Ъ	Ъ	Р	В	У	Ш
К	Я	Ф	А	Х	Ч	Е	В	Ч	Р	М	Л	И	Б	Р	В
В	С	Ф	В	Р	Х	В	И	Л	Е	Р	А	В	К	А	Д
Р	Н	Б	Й	Я	Т	Ц	Ж	Ц	Х	С	Я	С	Д	Т	Н
Б	М	А	С	Л	О	И	Т	И	Л	Е	Т	С	А	П	Ю
К	С	Т	А	Т	И	В	Я	Ф	Ш	Ь	Б	В	Л	Х	У
Г	У	М	И	Ч	К	А	Т	Я	Р	Ж	С	П	О	Д	Г

ВОДА
АКВАРЕЛИ
АКРИЛЕН
ГЛИНА
ХАРТИЯ
СТАТИВ
ЛЕПИЛО
ЦВЕТОВЕ
ТВОРЧЕСТВО
ГУМИЧКА
ИДЕИ
МАСТИЛО
МОЛИВИ
МАСЛО
ПАСТЕЛИ
СТОЛ
ЧЕТКИ
МАСА
КАМЕРА
БОИ

100 - Misurazioni

Ц	Е	Б	Ш	Щ	Д	Г	Г	С	Л	В	К	С	Ч	Ъ	В
К	М	Е	Т	Ъ	Р	Р	В	А	О	Ф	Р	Ч	Ю	О	И
Д	Х	Ь	У	Я	О	К	Ч	Н	Ш	Ф	А	У	К	Л	С
Ж	Ъ	С	Ч	Ф	Е	В	Т	Т	А	Б	С	Ч	И	Г	О
М	А	Р	Г	О	Л	И	К	И	Н	П	Ч	О	Ч	Е	Ч
А	А	Т	У	Н	И	М	У	М	И	Т	Б	А	Й	Т	И
Р	И	С	Б	Л	Д	Ж	Ш	Е	Ч	Н	Т	А	К	О	Н
Г	Ч	Ч	А	А	В	Й	Г	Т	О	Д	Ч	А	О	А	А
П	Ь	Г	Н	Ж	И	В	Р	Ъ	Б	О	Ъ	О	П	Н	Ь
Н	Я	Н	Н	Л	А	У	А	Р	Л	Ц	М	Б	К	Ф	А
Д	Ъ	Л	Ж	И	Н	А	Д	И	Ъ	Ф	В	О	Ъ	П	Ъ
Л	И	Т	Ъ	Р	И	Ь	У	М	Д	П	Т	Ь	Р	Х	Л
Е	В	Щ	М	Щ	Р	Е	С	Ш	У	Ю	Ц	Ь	П	Ф	Б
О	Ф	У	Н	Ц	И	Я	Д	Е	С	Е	Т	И	Ч	Е	Н
Т	О	Н	Ж	В	Ш	К	И	Л	О	М	Е	Т	Ъ	Р	Л
П	Б	Д	Д	Ь	Ч	Е	Н	Л	Ж	М	О	Л	Ф	Й	Я

ВИСОЧИНА
БАЙТ
САНТИМЕТЪР
КИЛОГРАМ
КИЛОМЕТЪР
ДЕСЕТИЧЕН
ГРАДУС
ГРАМ
ШИРИНА
ЛИТЪР
ДЪЛЖИНА
МАСА
МЕТЪР
МИНУТА
УНЦИЯ
ТЕГЛО
ИНЧ
ДЪЛБОЧИНА
ТОН

1 - Salute e Benessere #2

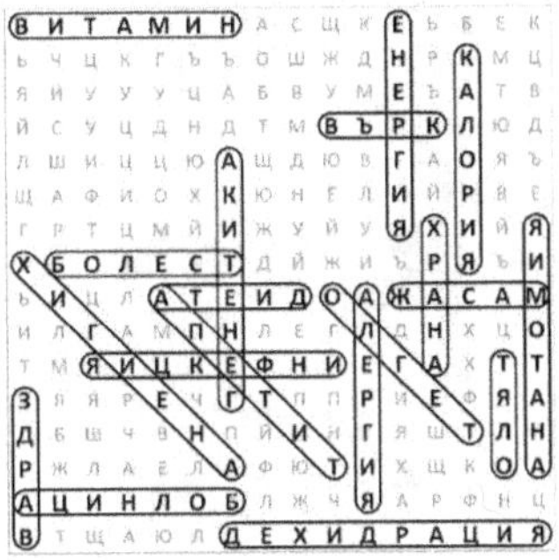

2 - Aggettivi #2

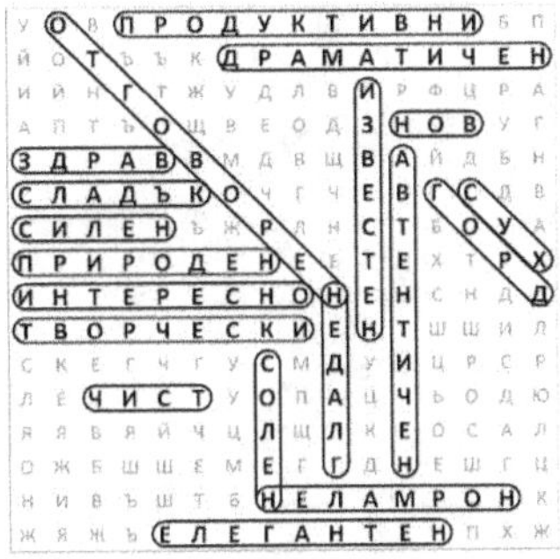

3 - Ingegneria

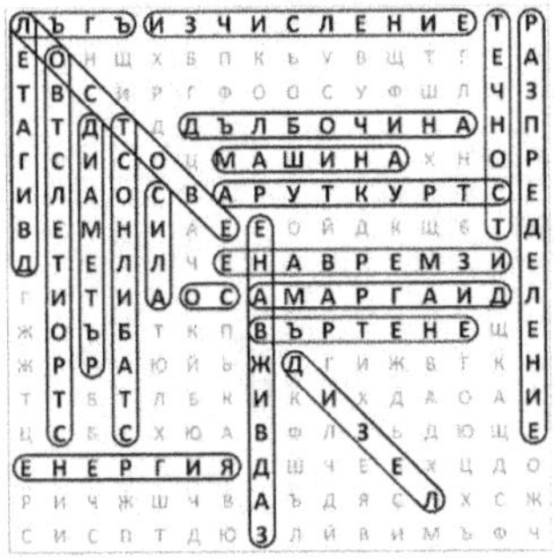

4 - Archeologia

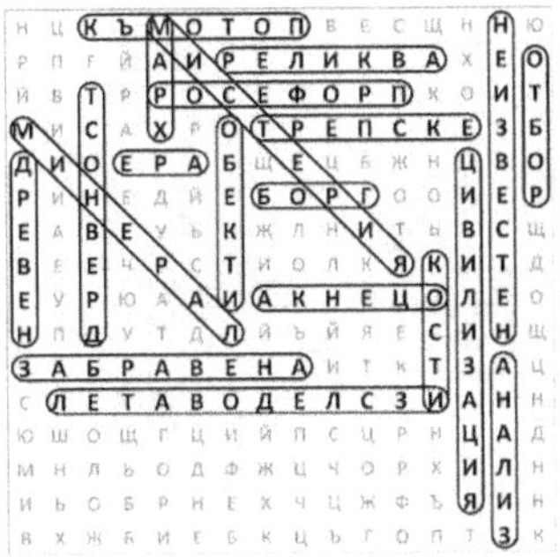

5 - Salute e Benessere #1

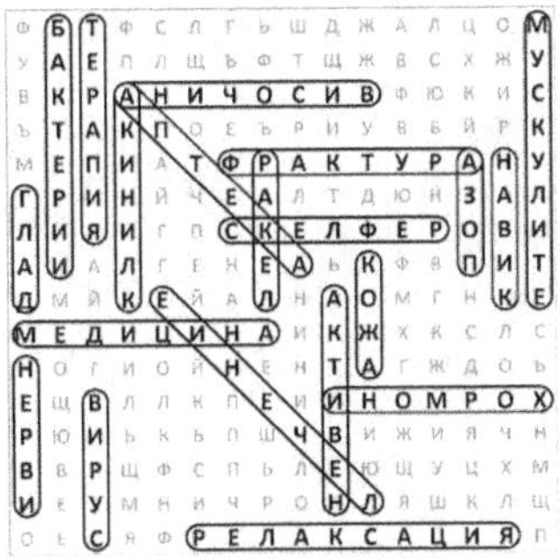

6 - Aggettivi #1

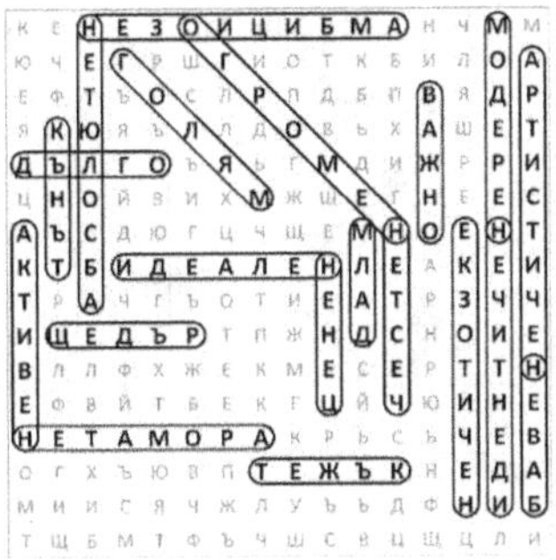

7 - Geologia

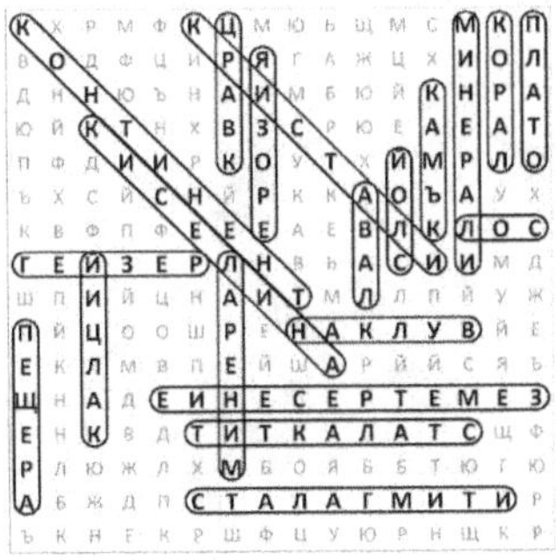

8 - Campeggio

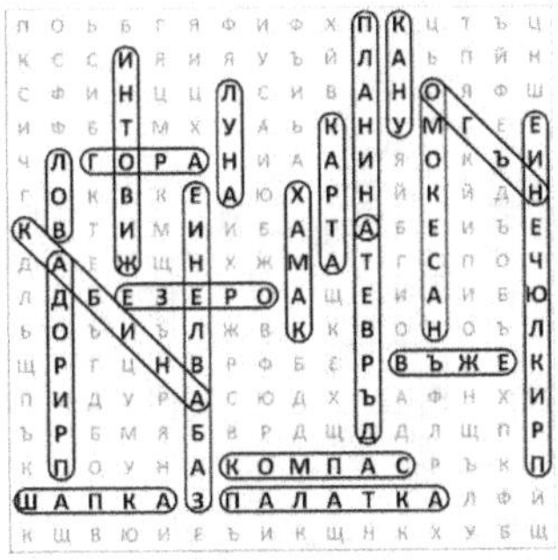

9 - Arti Visive

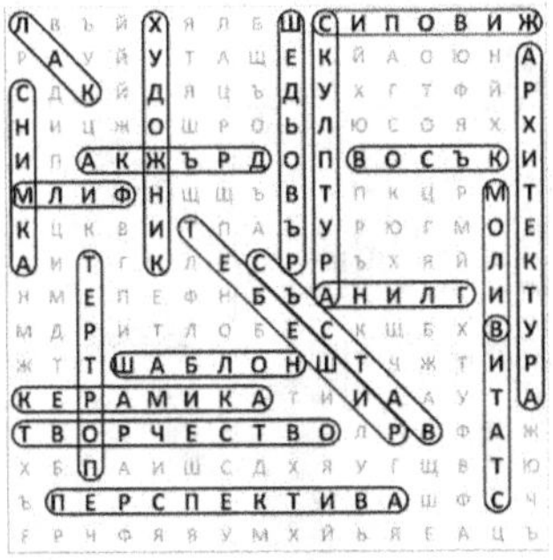

10 - Tempo

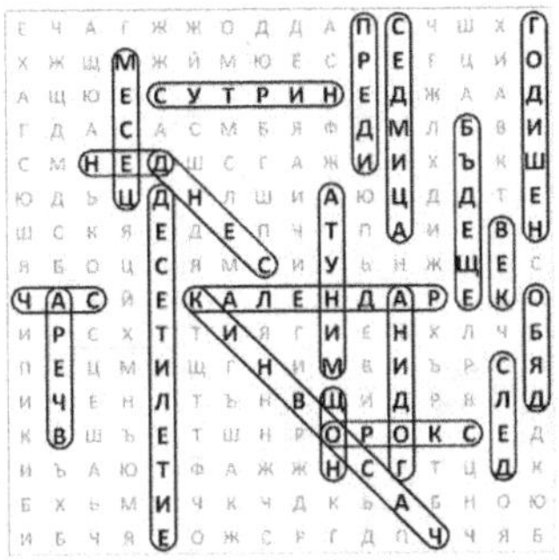

11 - Astronomia

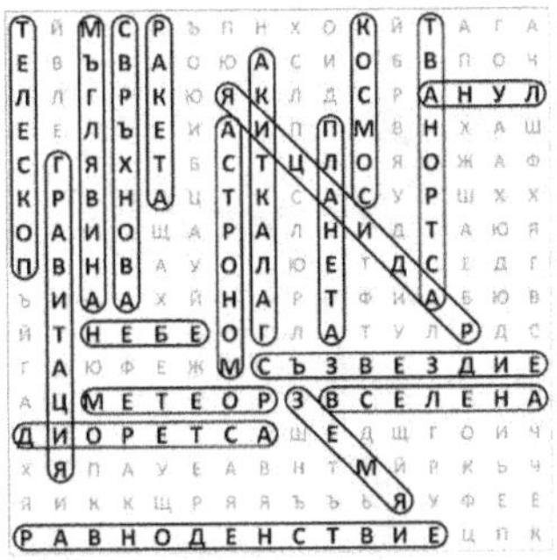

12 - Algebra

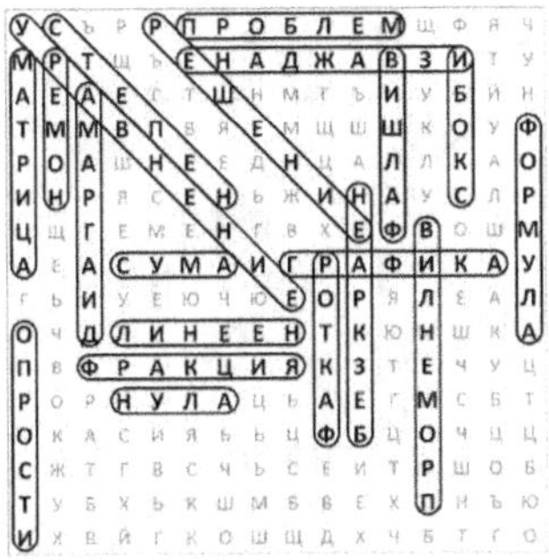

13 - Mitologia

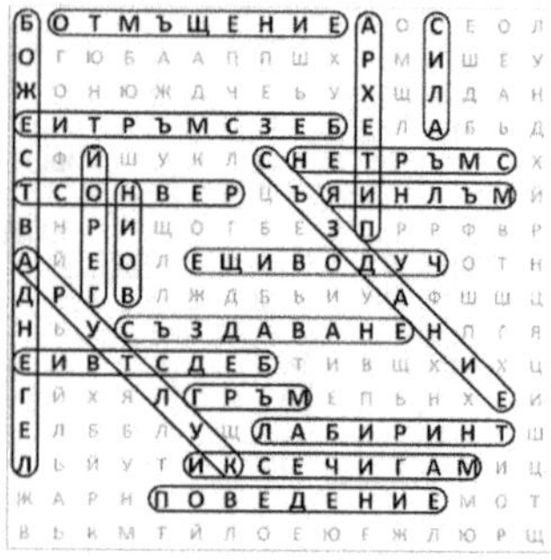

14 - Piante

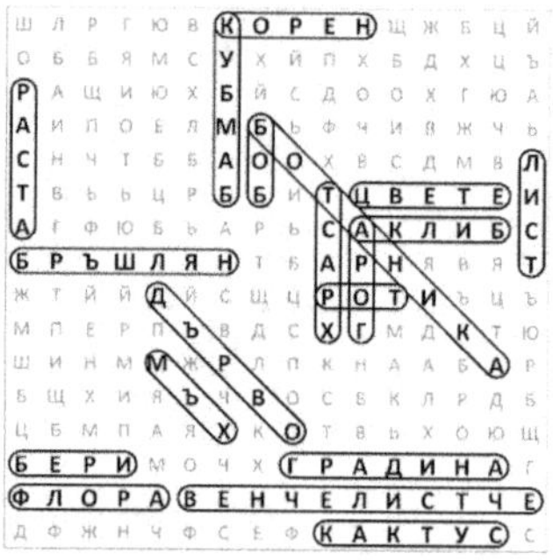

15 - Spezie

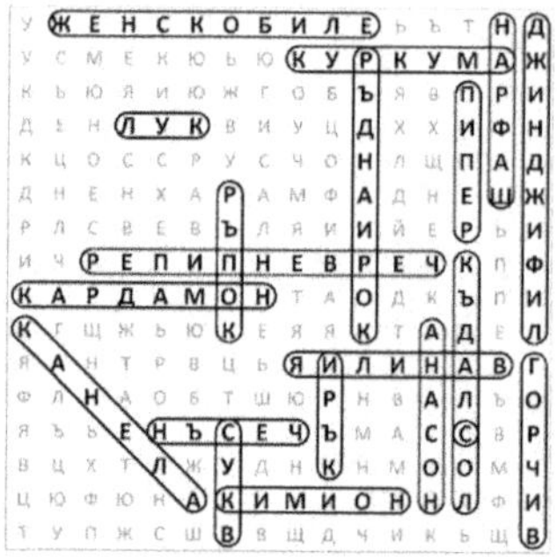

16 - Numeri

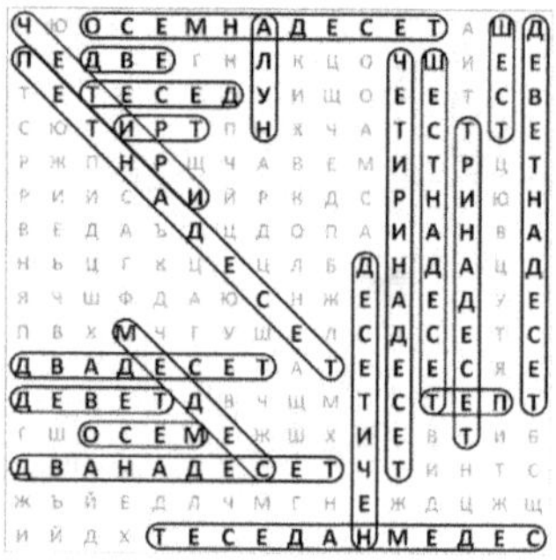

17 - Cioccolato

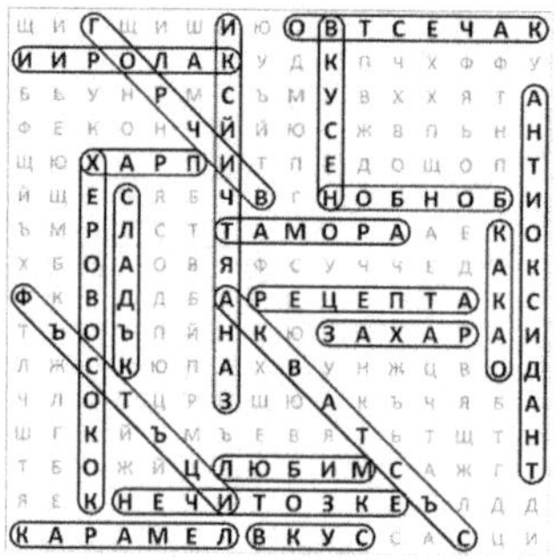

18 - Immigrazione

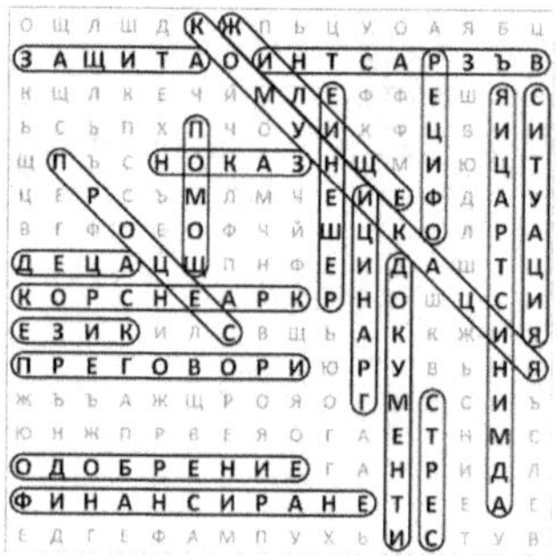

19 - Guida

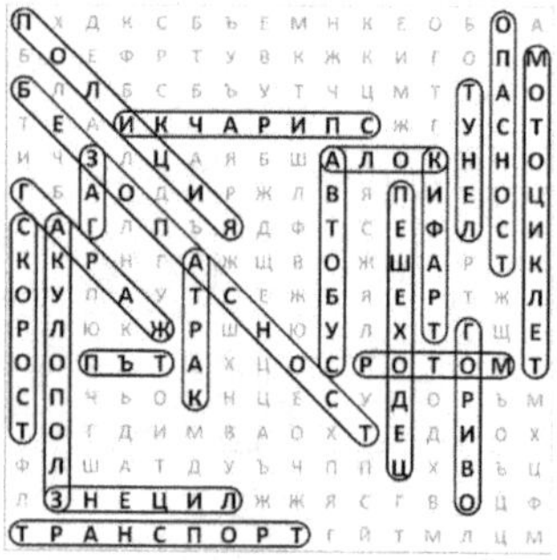

20 - I Media

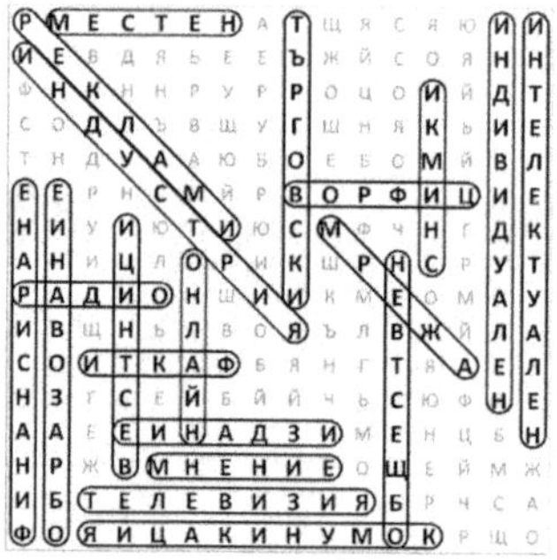

21 - Forza e Gravità

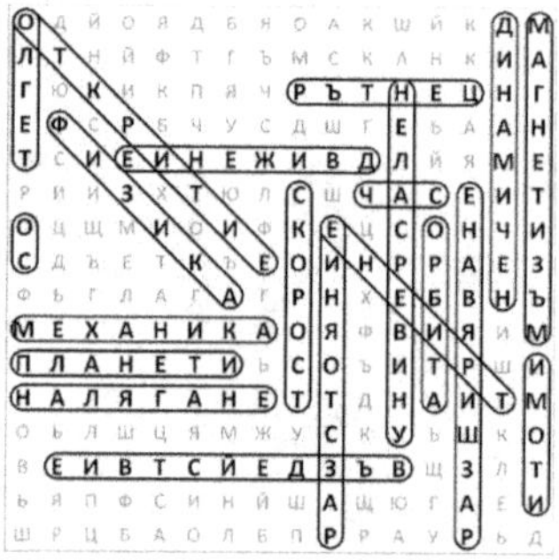

22 - Sport

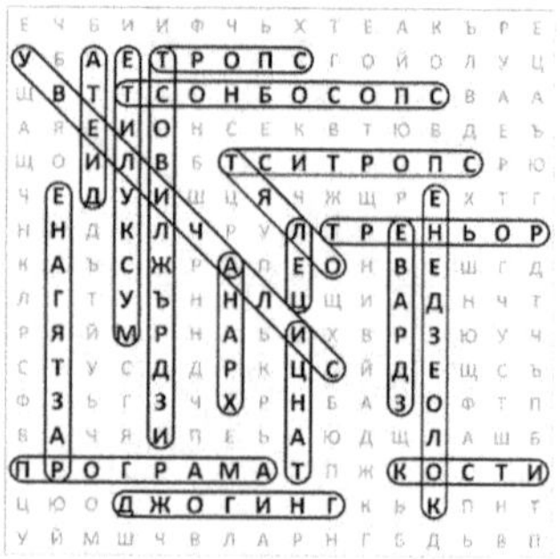

23 - Uccelli

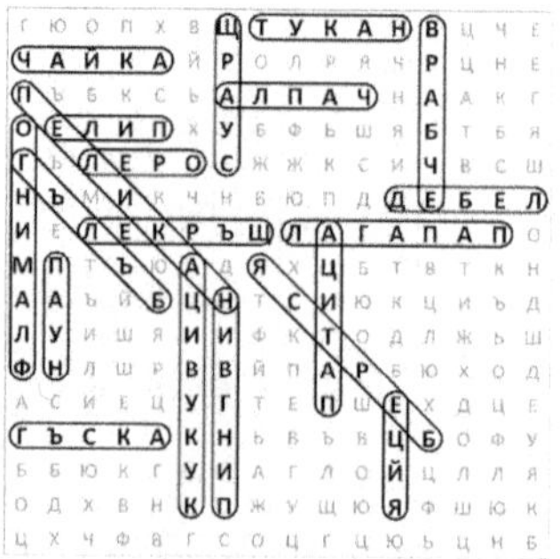

24 - Giorni e Mesi

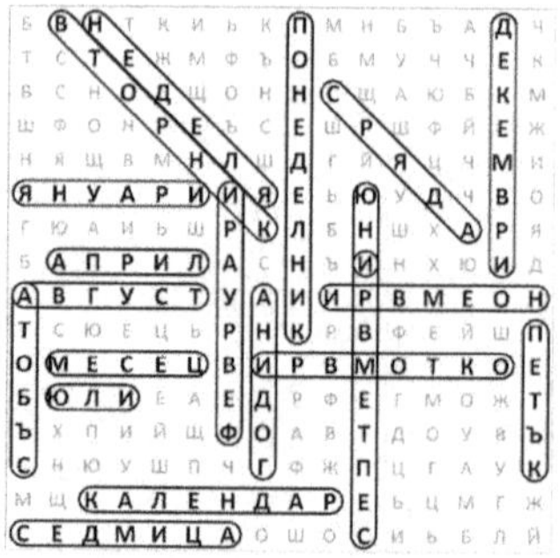

25 - Casa

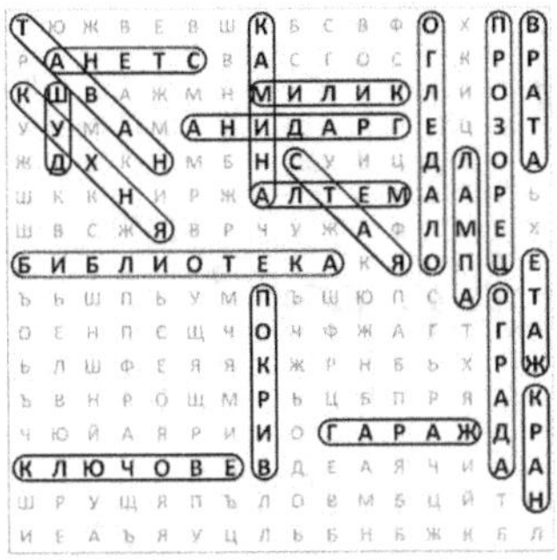

26 - Fantascienza

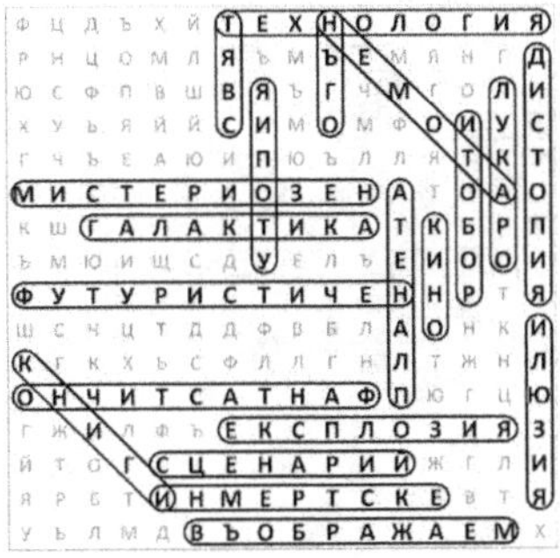

27 - Città

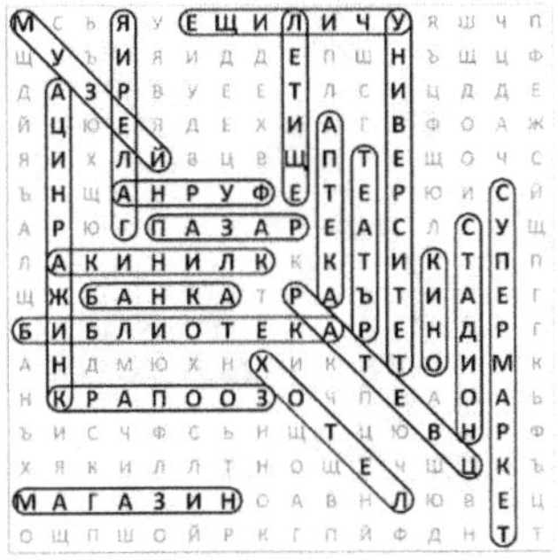

28 - Fattoria #1

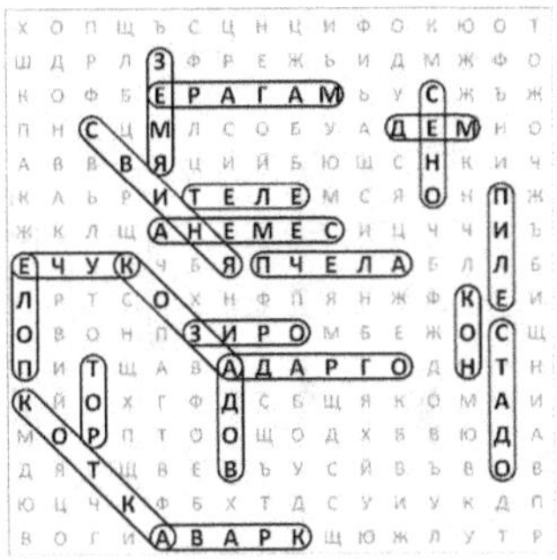

29 - Psicologia

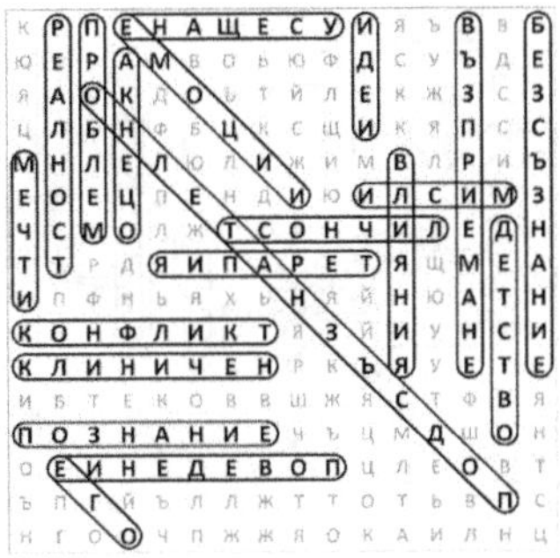

30 - Paesaggi

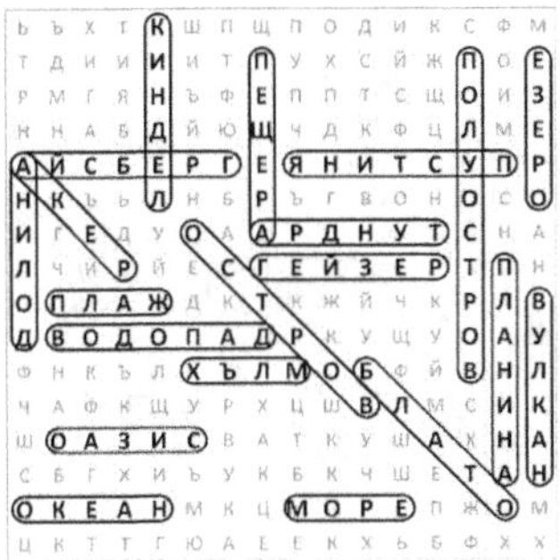

31 - Energia

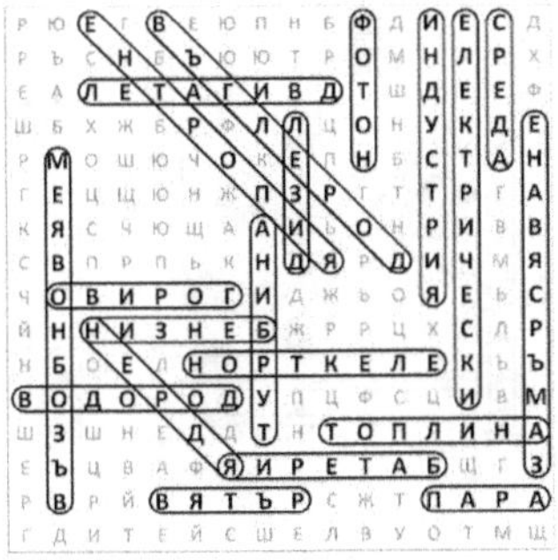

32 - Ristorante #2

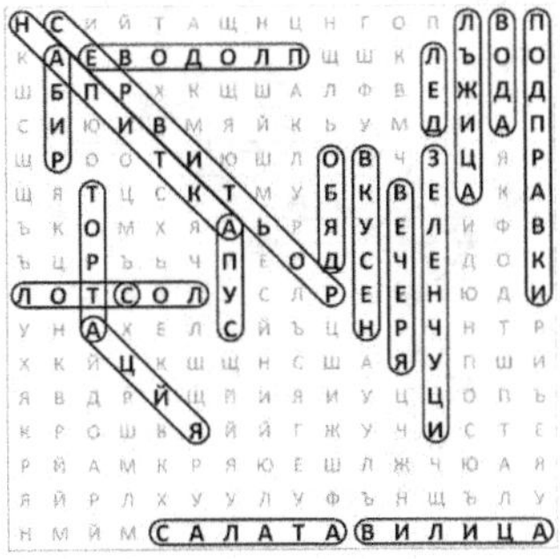

33 - L'Azienda

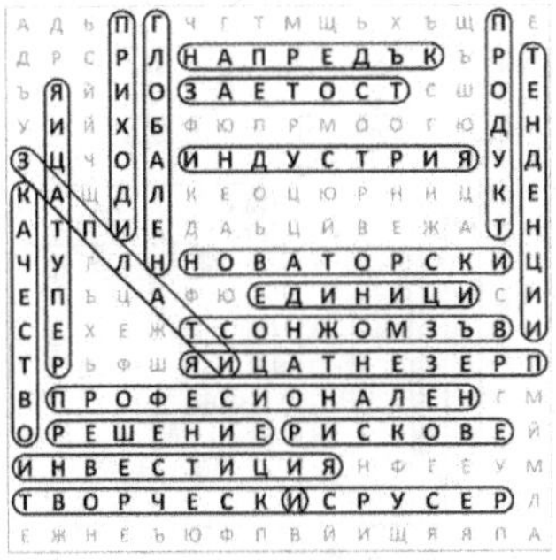

34 - Giardino

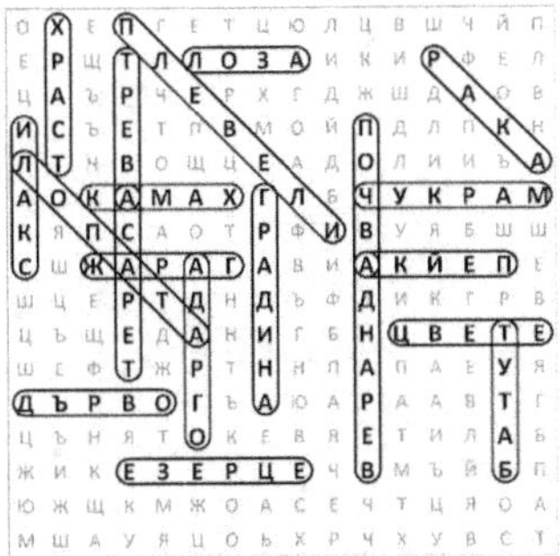

35 - Frutta

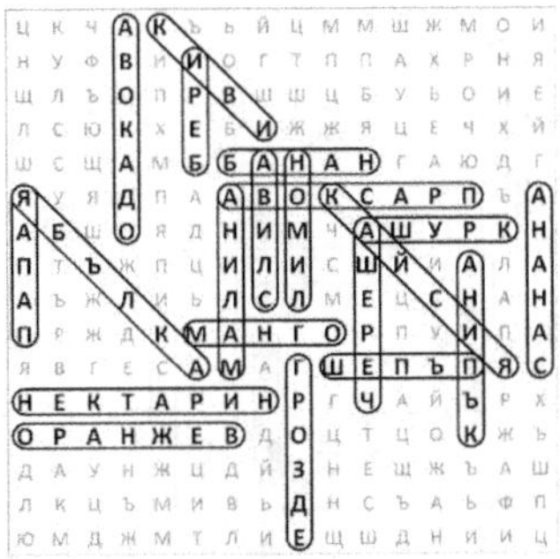

36 - Fattoria #2

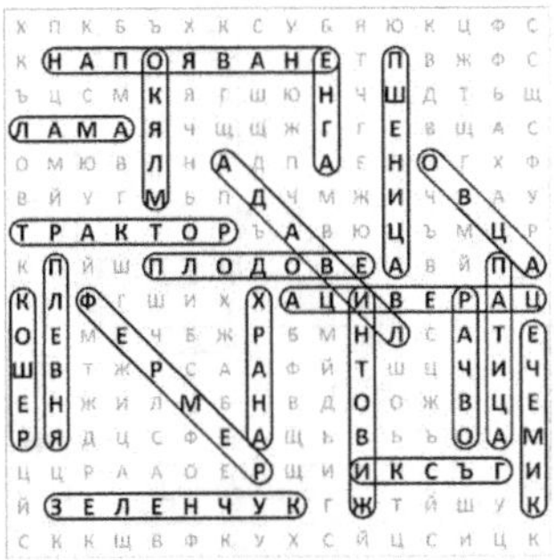

37 - Verdure

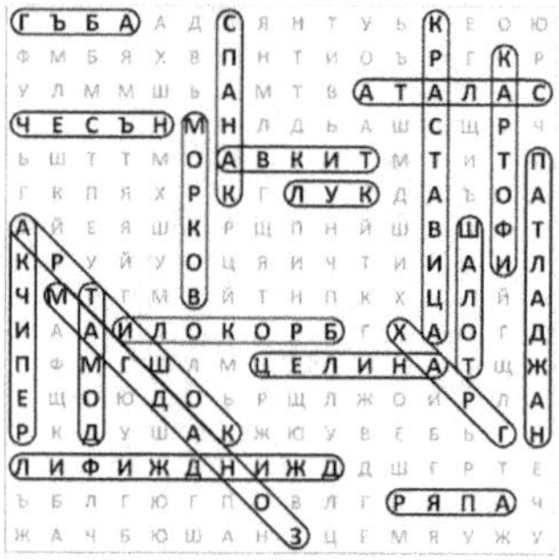

38 - Musica

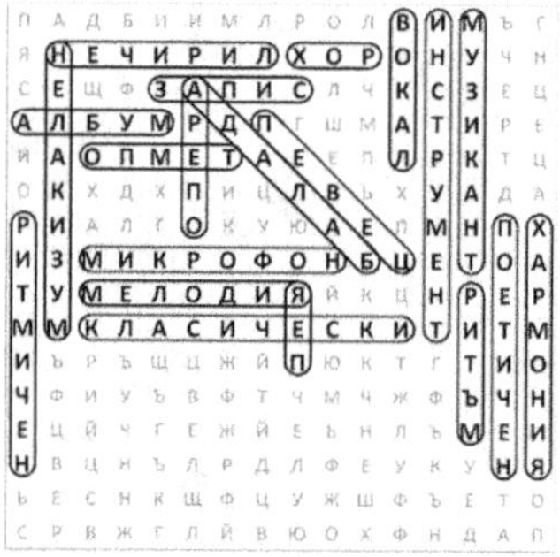

39 - Barbecue

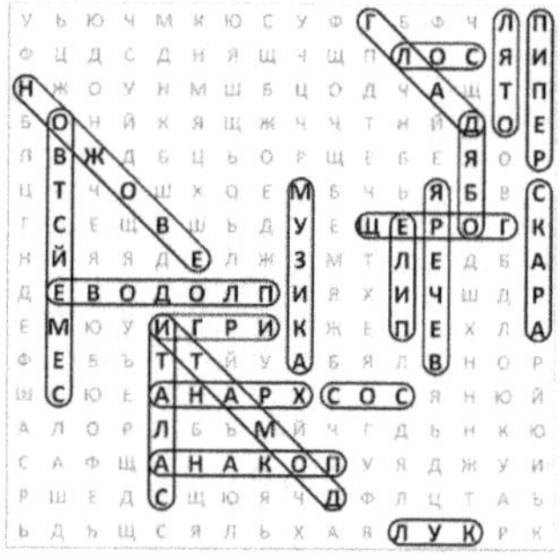

40 - Riempire

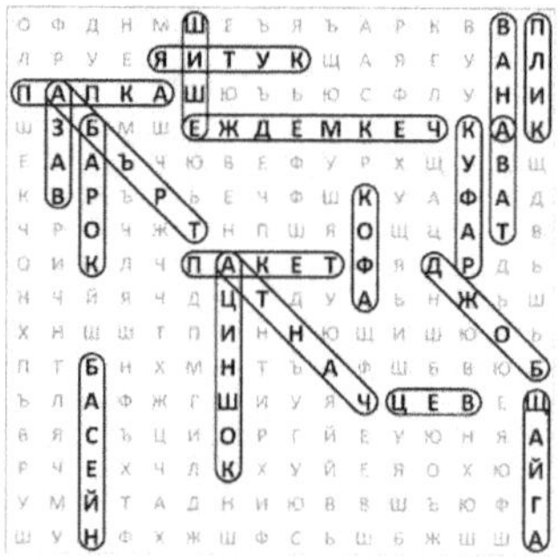

41 - Insetti

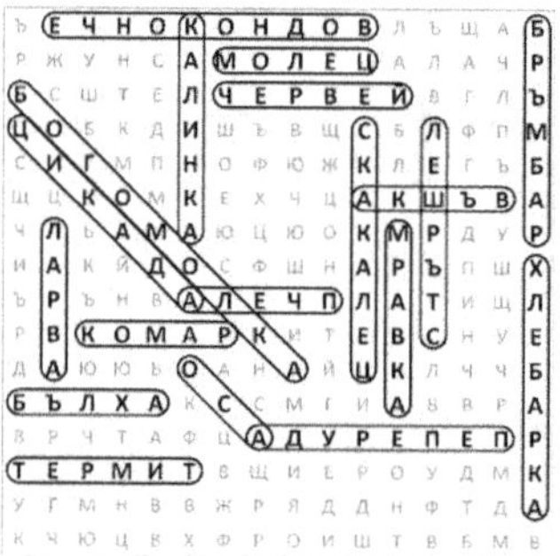

42 - Fisica

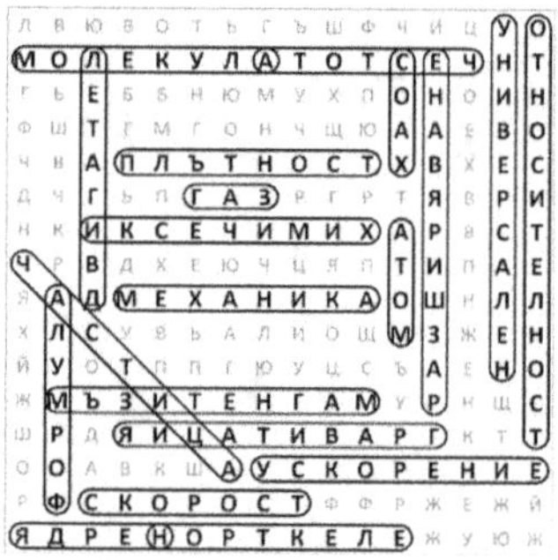

43 - Agronomia

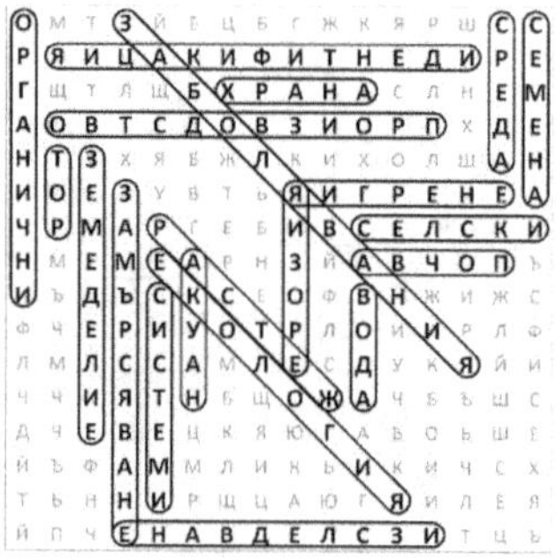

44 - Erboristeria

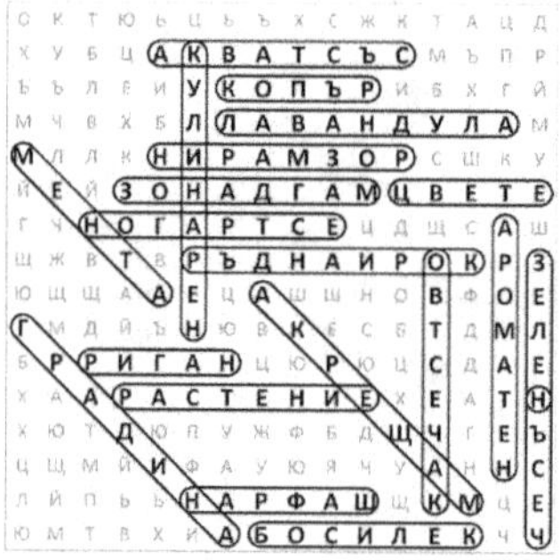

45 - Danza

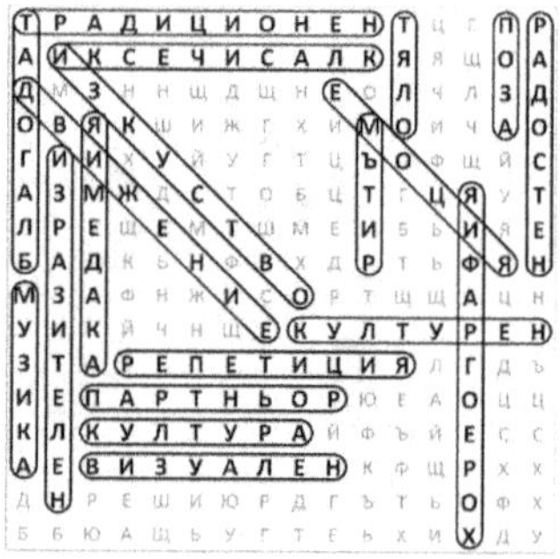

46 - Biologia

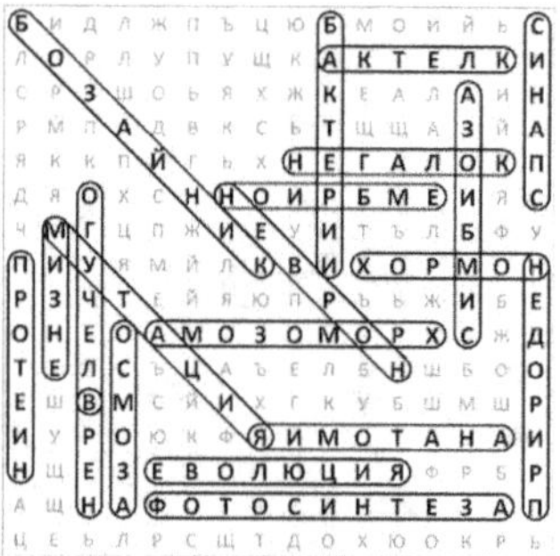

47 - Attività Commerciale

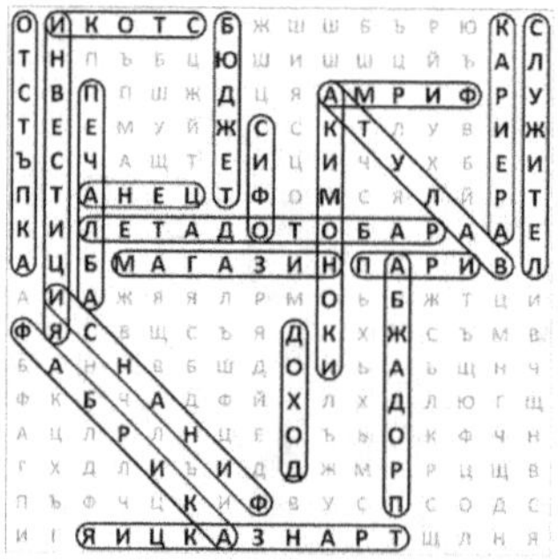

48 - Fiori

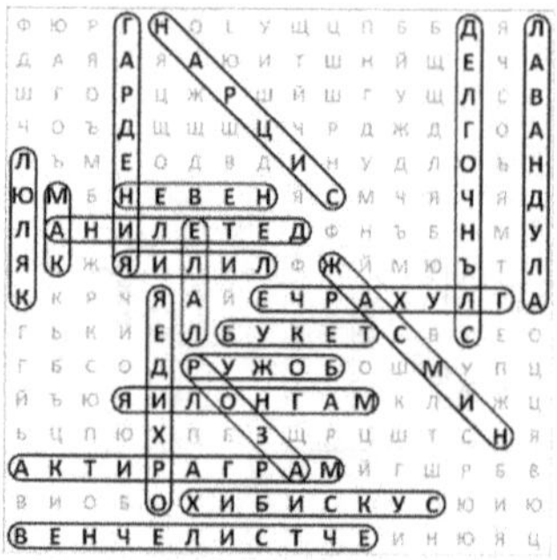

49 - Ecologia

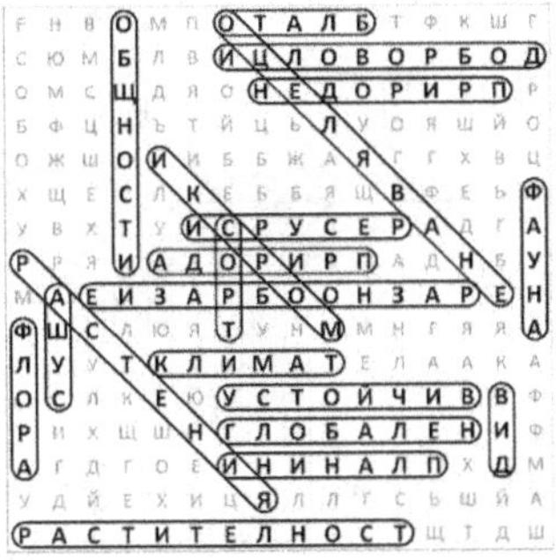

50 - Discipline Scientifiche

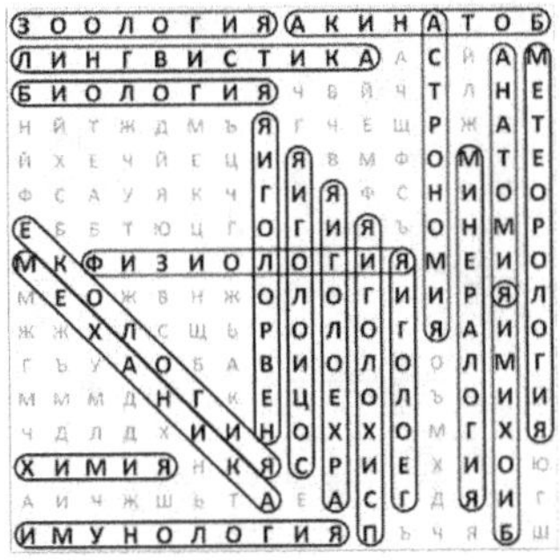

51 - Scienza

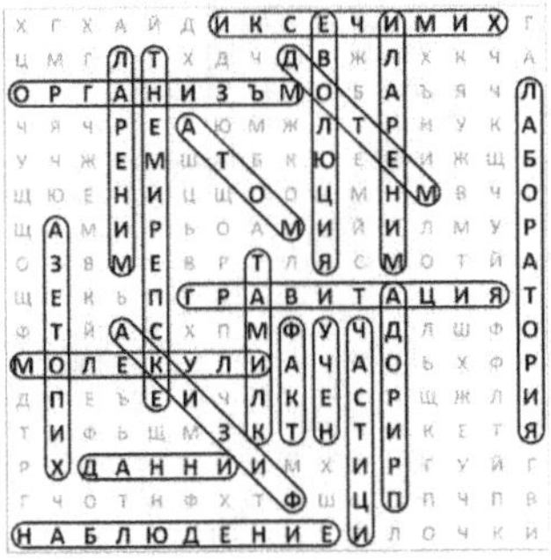

52 - Acqua

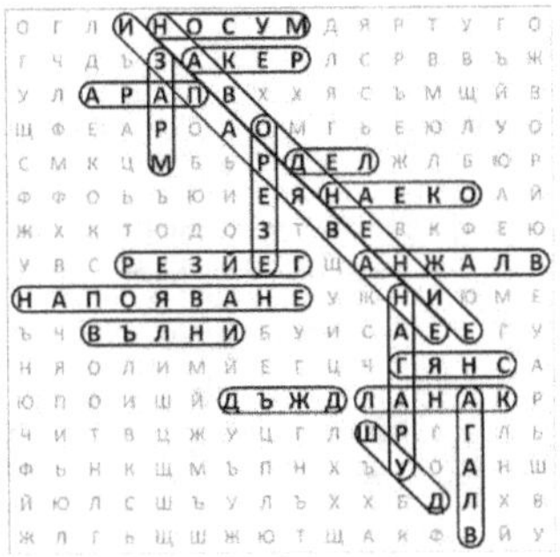

53 - Imbarcazioni

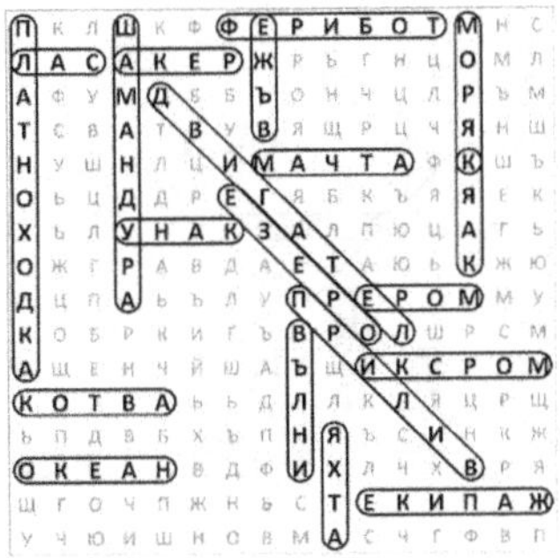

54 - Chimica

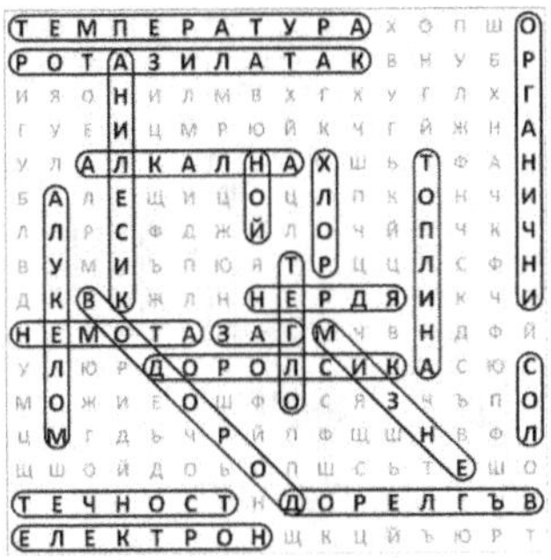

55 - Strumenti Musicali

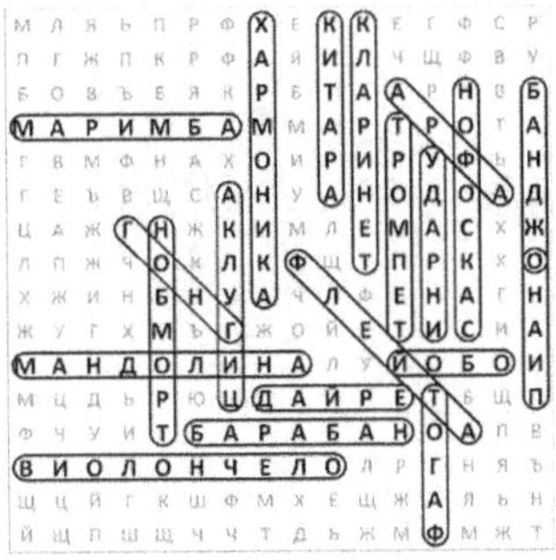

56 - Professioni #2

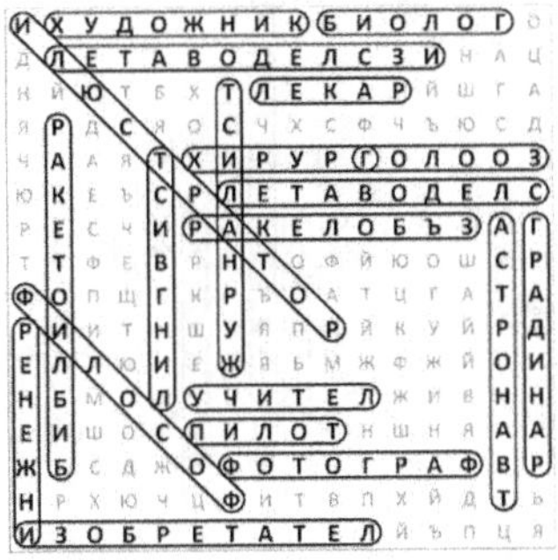

57 - Letteratura

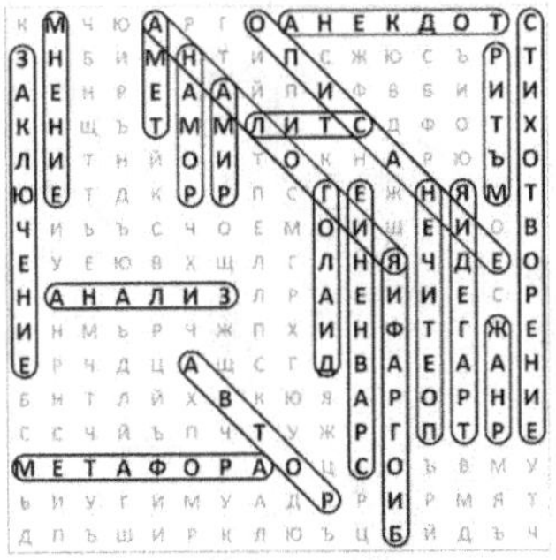

58 - Cibo #2

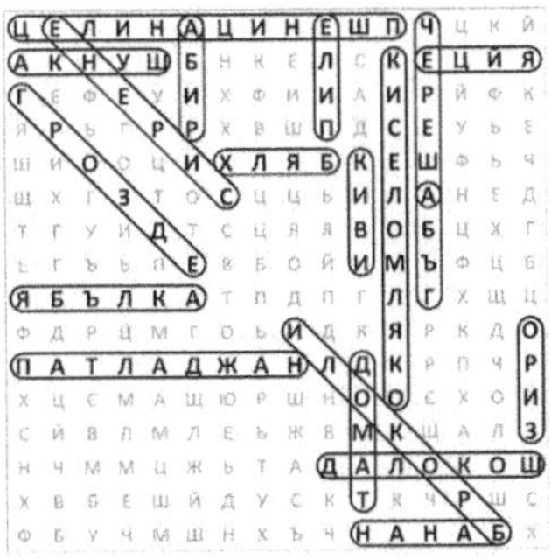

59 - Nutrizione

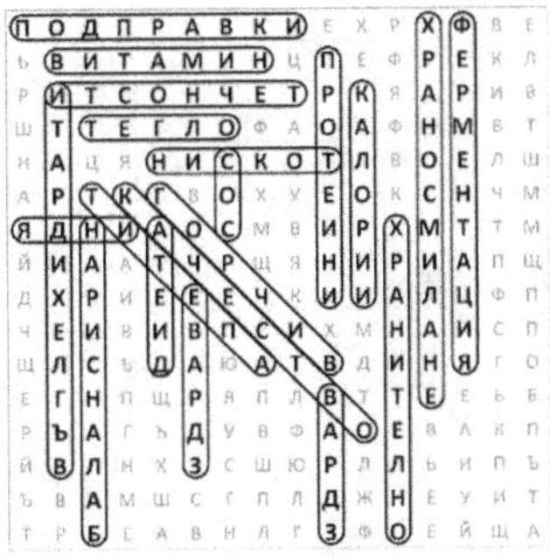

60 - Matematica

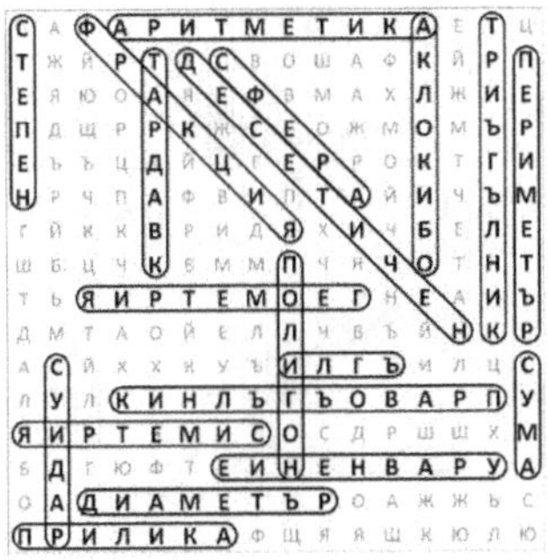

61 - Meditazione

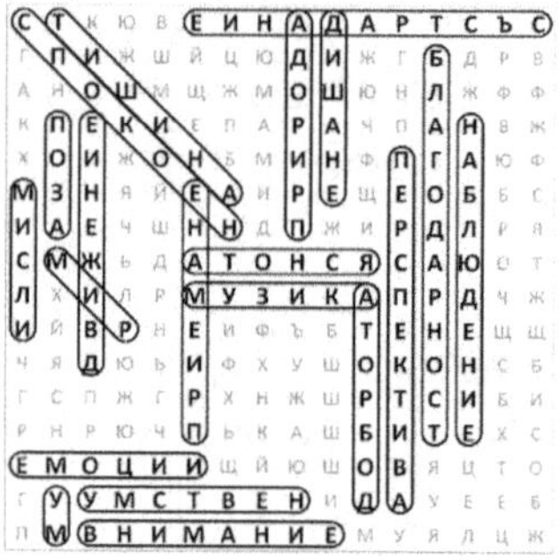

62 - Elettricità

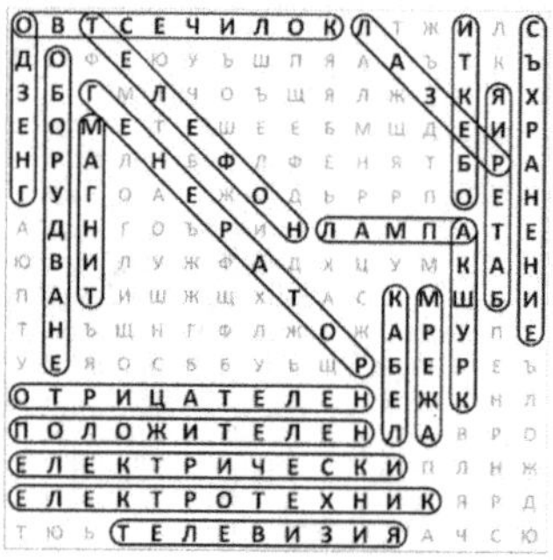

63 - Antiquariato

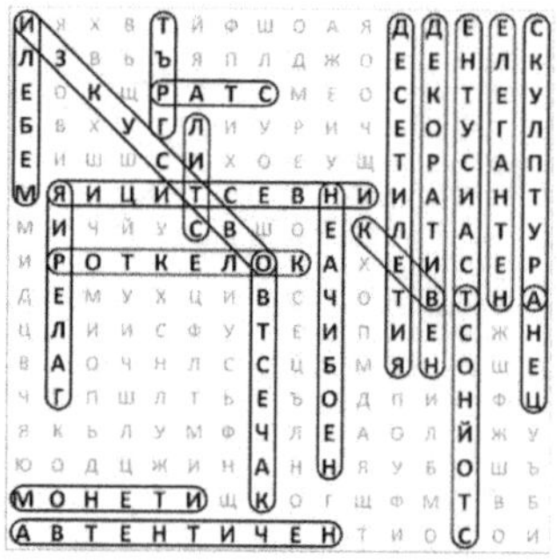

64 - Escursionismo

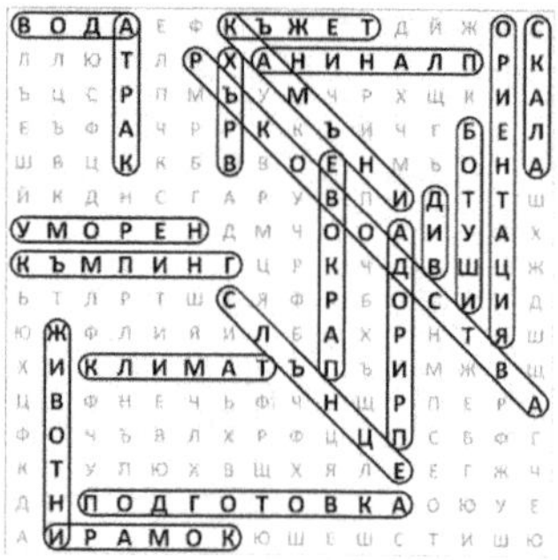

65 - Professioni #1

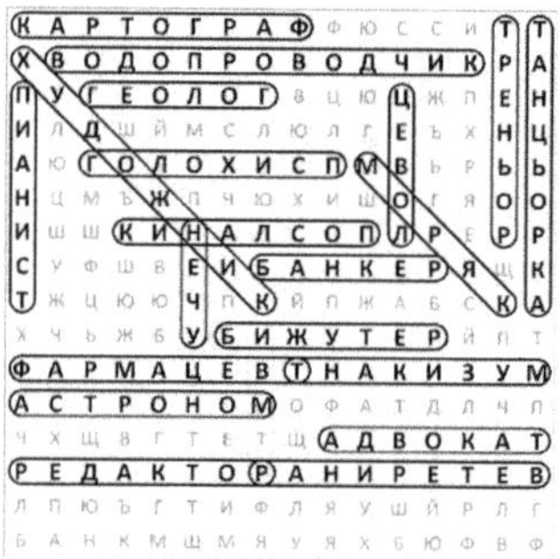

66 - Antartide

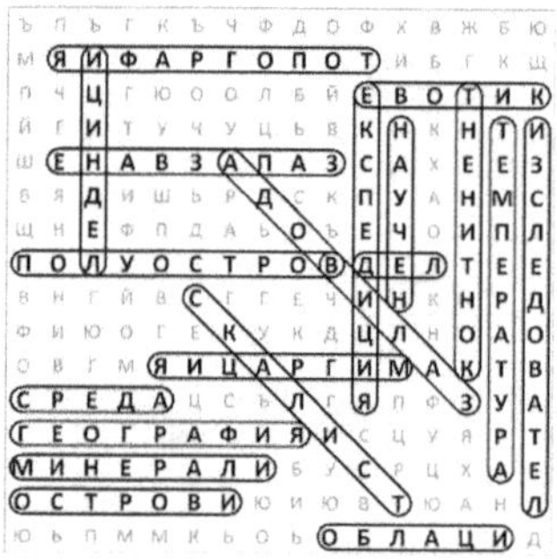

67 - Libri

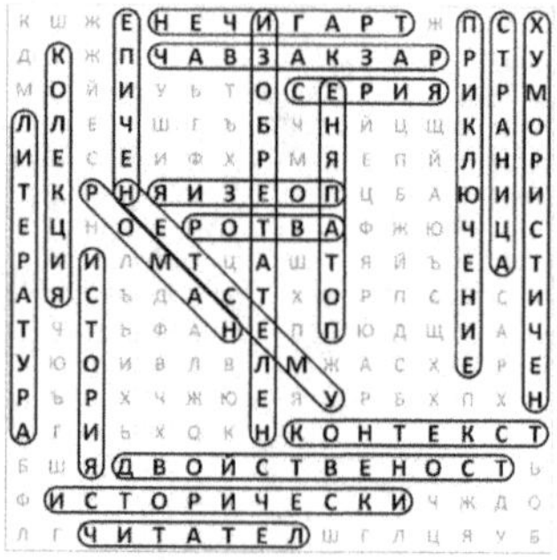

68 - Geografia

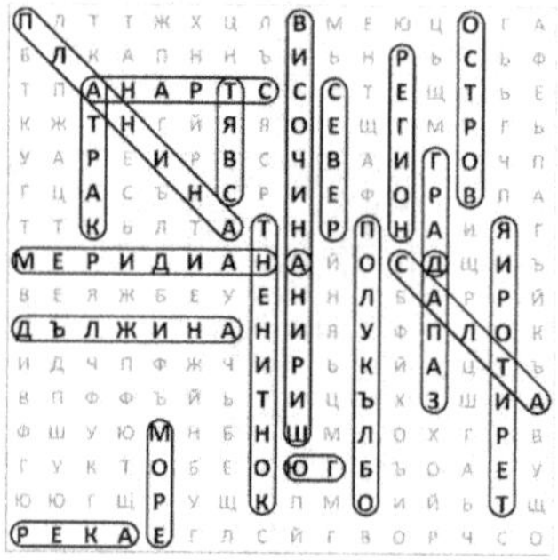

69 - Cibo #1

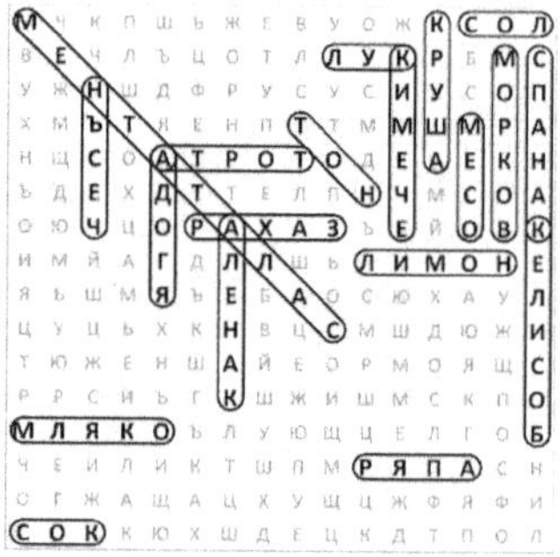

70 - Aeroplani

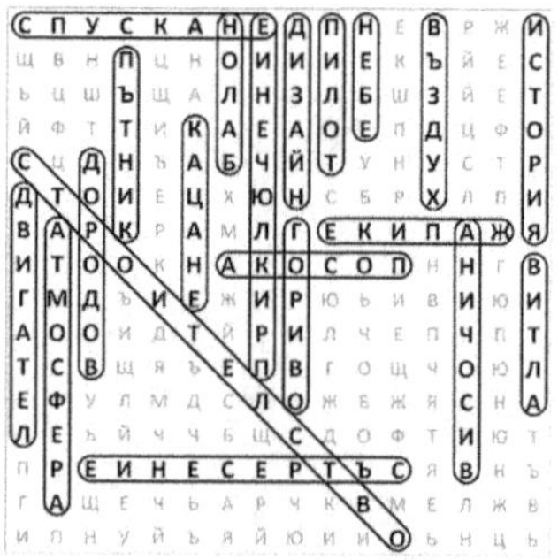

71 - Governo

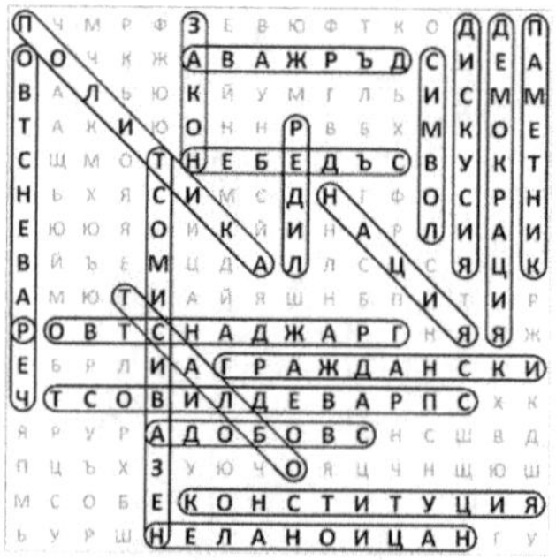

72 - Bellezza

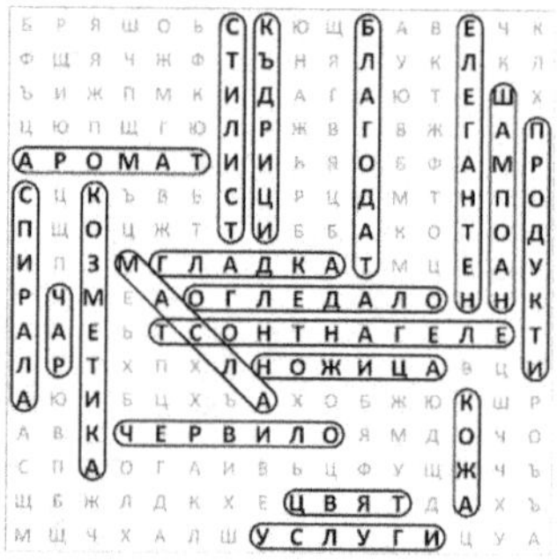

73 - Avventura

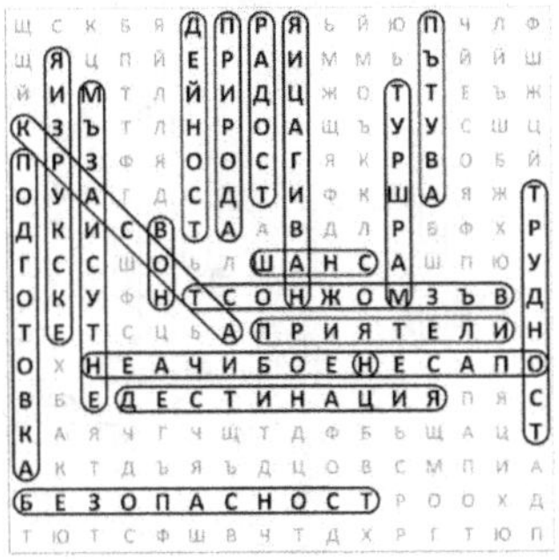

74 - Forme

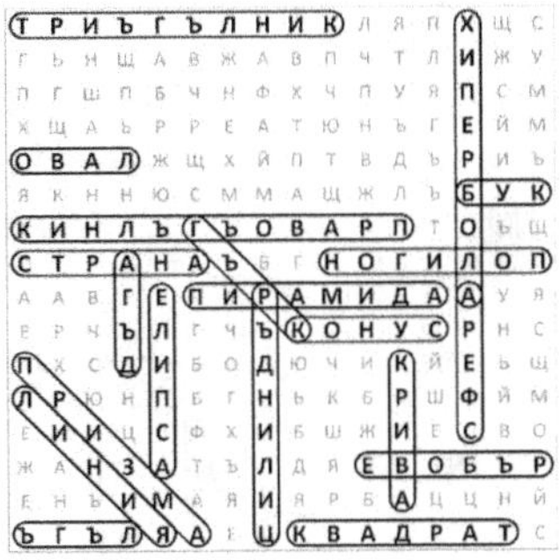

75 - Oceano

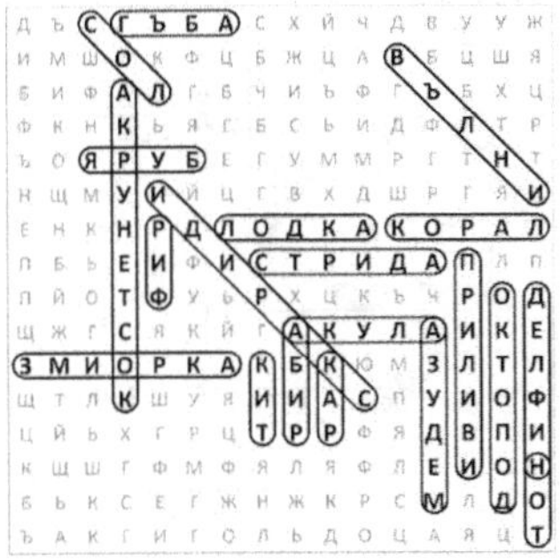

76 - Famiglia

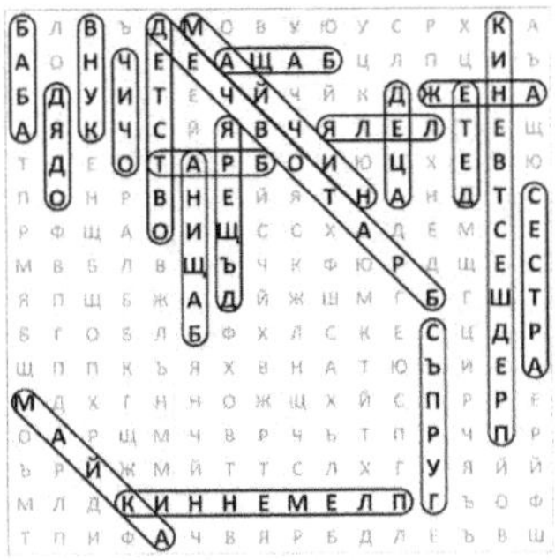

77 - Creatività

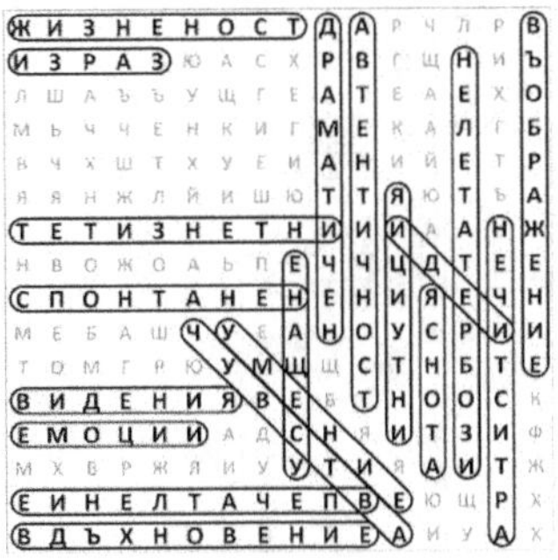

78 - Veicoli

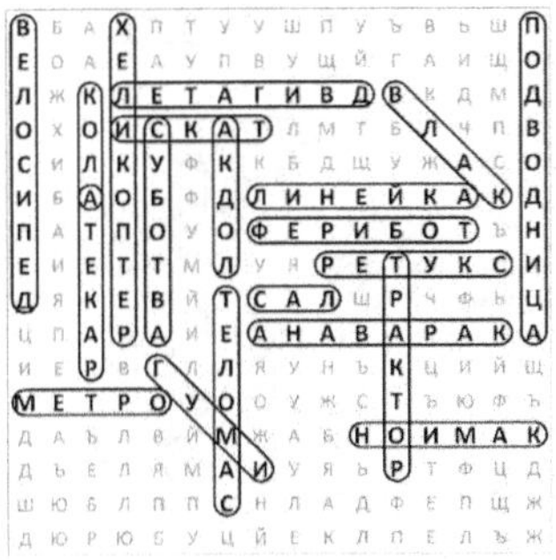

79 - Natura

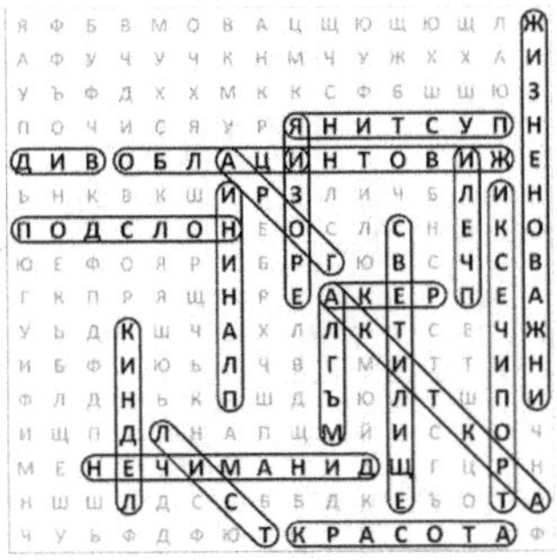

80 - Balletto

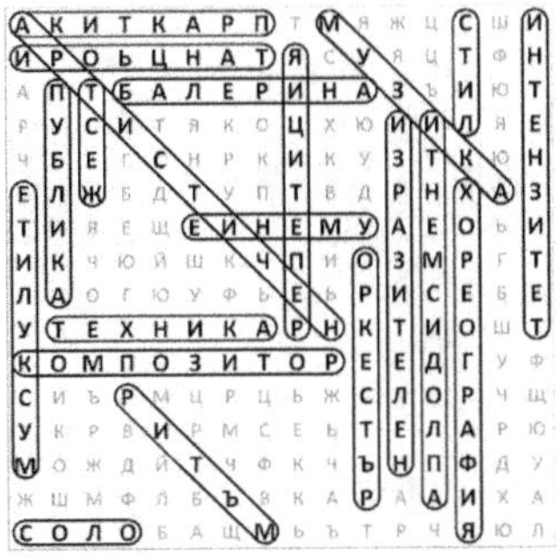

81 - Paesi #1

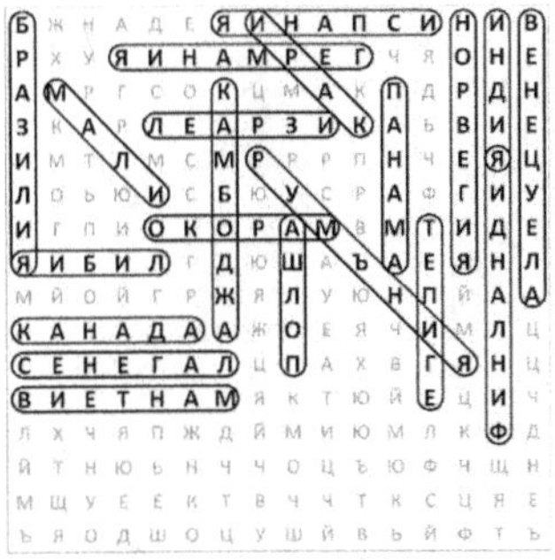

82 - Geometria

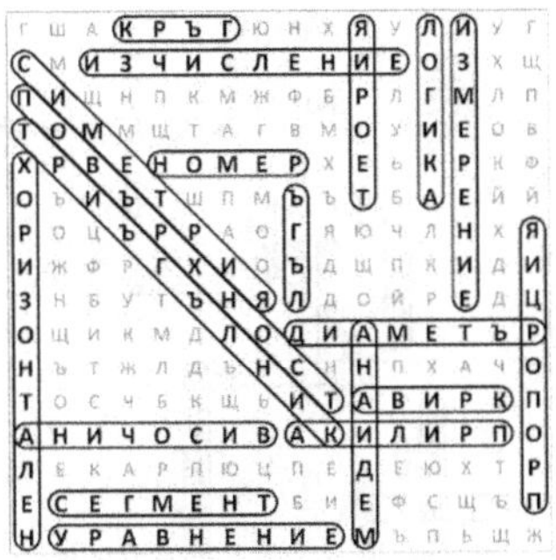

83 - Edifici

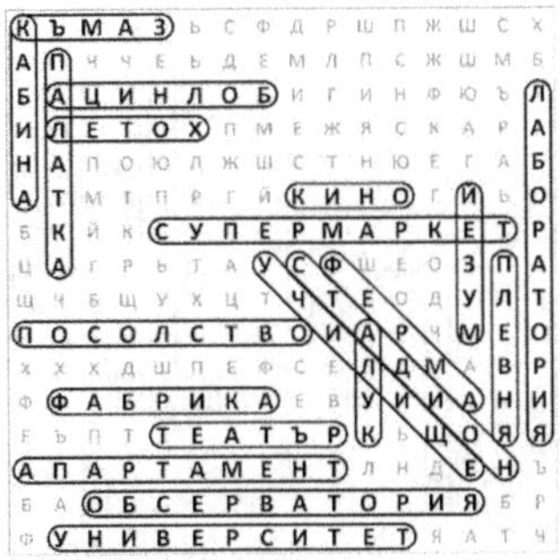

84 - Malattia

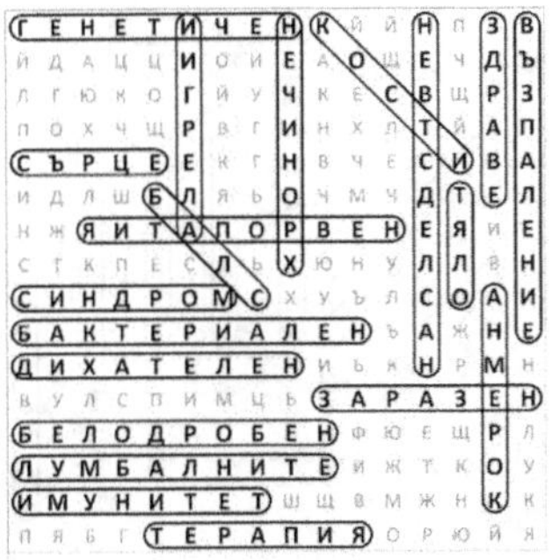

85 - Paesi #2

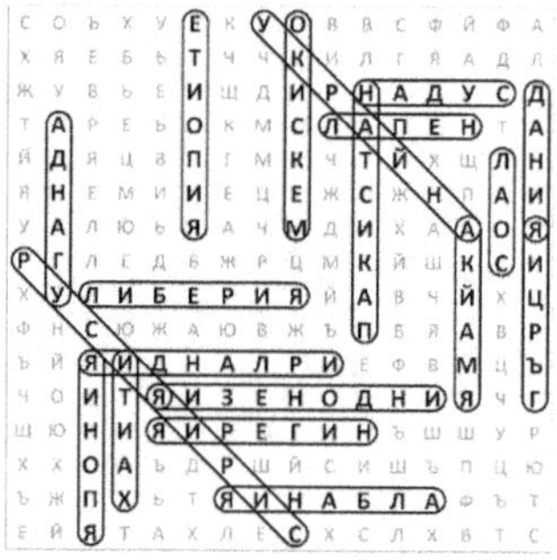

86 - Tipi di Capelli

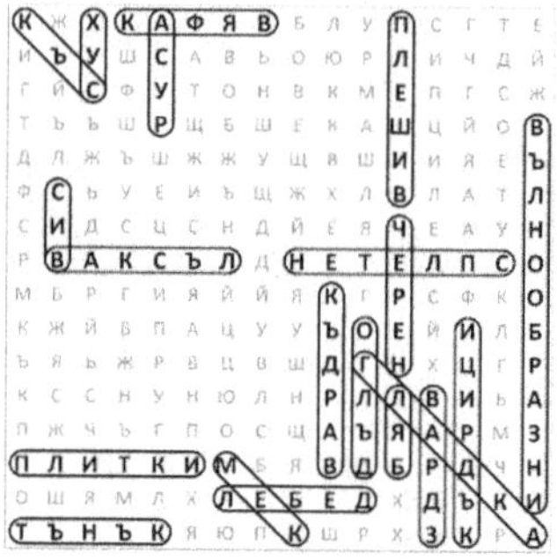

87 - Vestiti

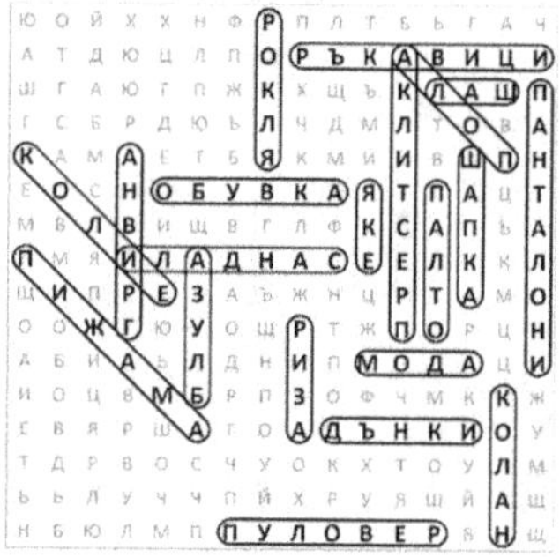

88 - Attività e Tempo Libero

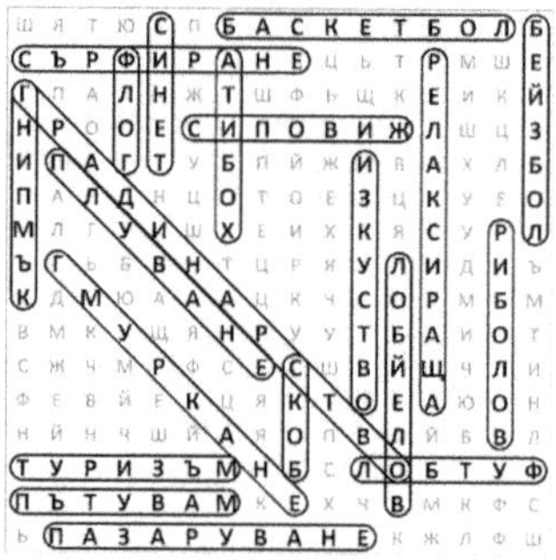

89 - Tecnologia

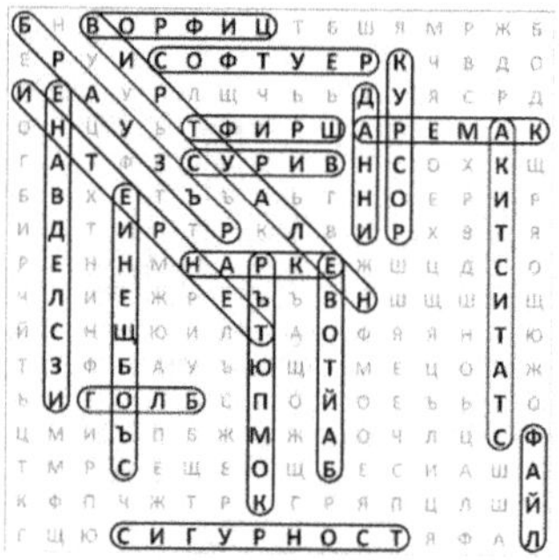

90 - Meteo

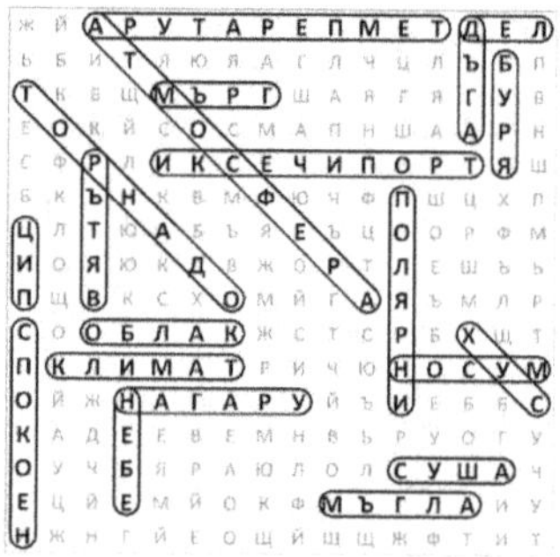

91 - Corpo Umano

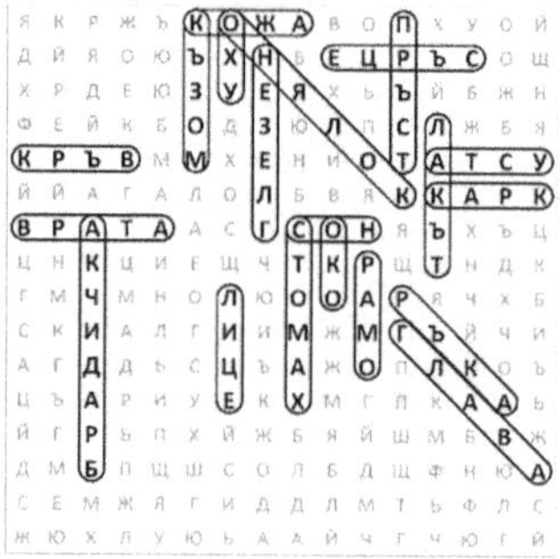

92 - Mammiferi

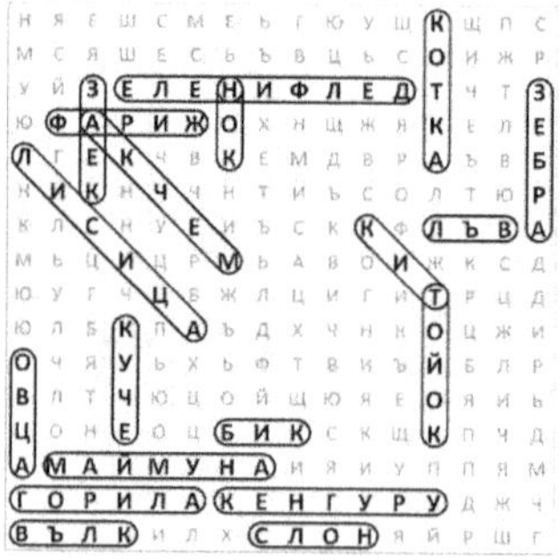

93 - Cucina

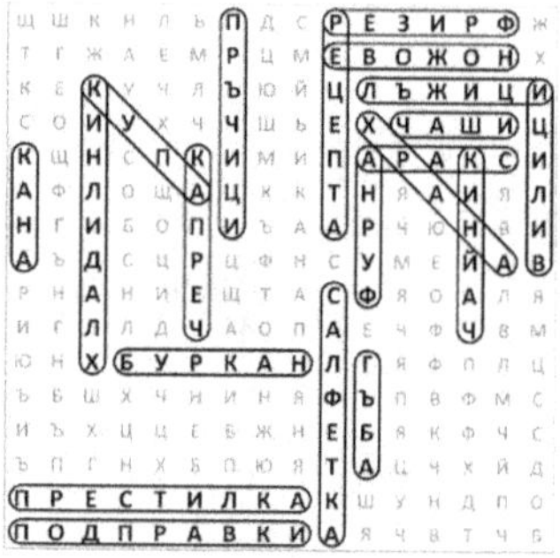

94 - Universo

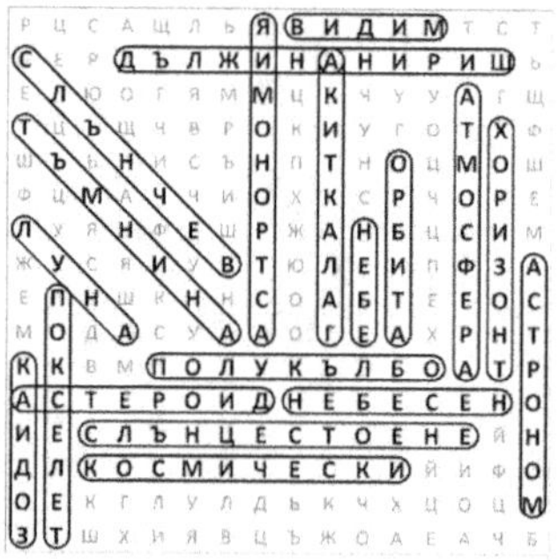

95 - Jazz

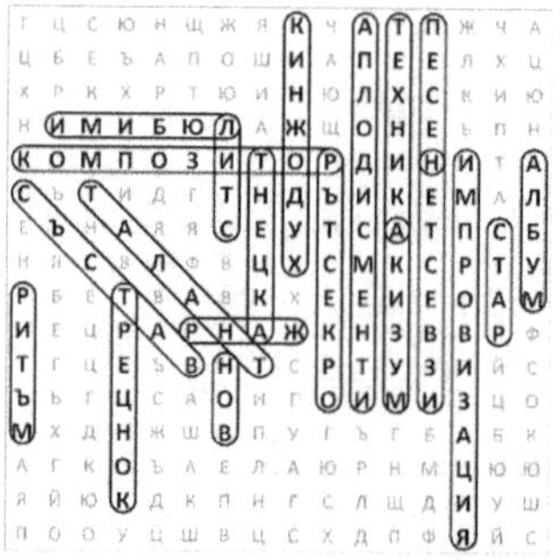

96 - Vacanze #2

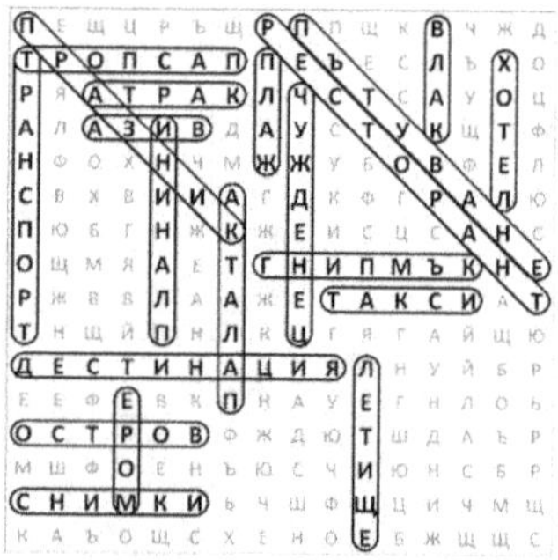

97 - Attività

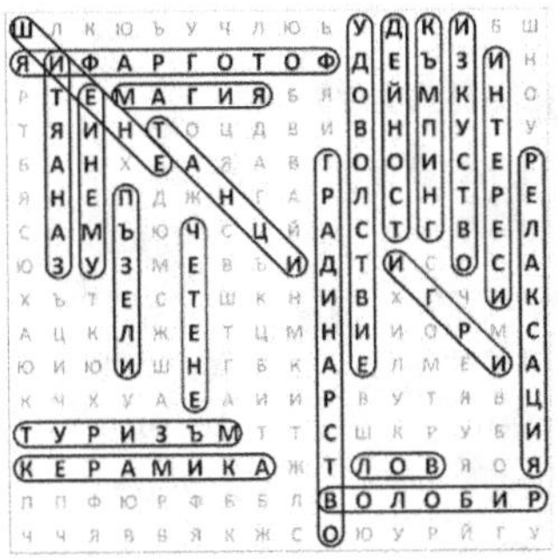

98 - Diplomazia

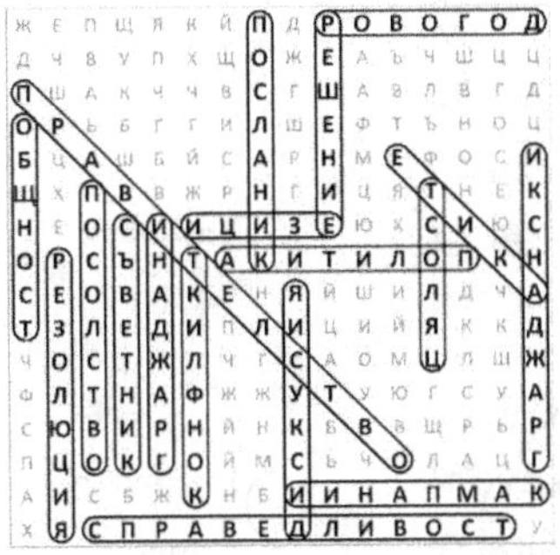

99 - Forniture Artistiche

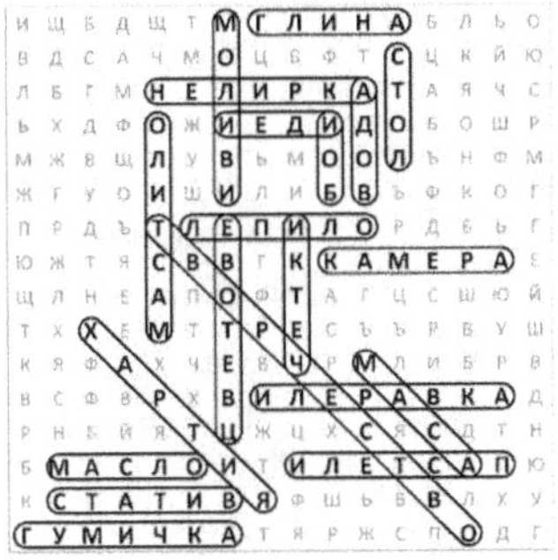

100 - Misurazioni

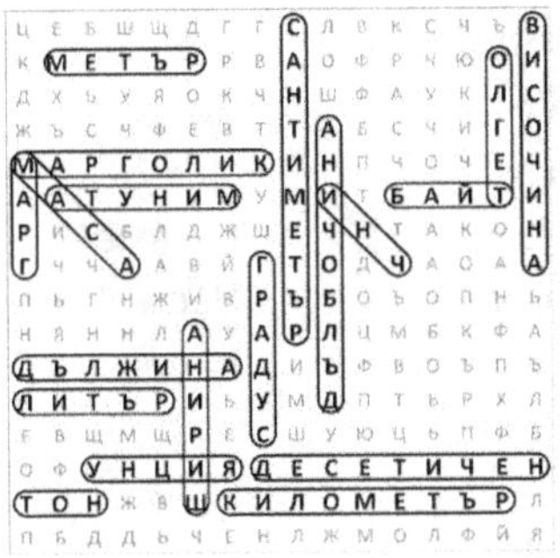

Dizionario

Acqua
Вода

Alluvione	Наводнение
Canale	Канал
Doccia	Душ
Evaporazione	Изпаряване
Fiume	Река
Gelo	Мраз
Geyser	Гейзер
Ghiaccio	Лед
Irrigazione	Напояване
Lago	Езеро
Monsone	Мусон
Neve	Сняг
Oceano	Океан
Onde	Вълни
Pioggia	Дъжд
Umidità	Влага
Umido	Влажна
Uragano	Ураган
Vapore	Пара

Aeroplani
Самолети

Altezza	Височина
Aria	Въздух
Atmosfera	Атмосфера
Atterraggio	Кацане
Avventura	Приключение
Carburante	Гориво
Cielo	Небе
Costruzione	Строителство
Design	Дизайн
Direzione	Посока
Discesa	Спускане
Eliche	Витла
Equipaggio	Екипаж
Idrogeno	Водород
Motore	Двигател
Palloncino	Балон
Passeggero	Пътник
Pilota	Пилот
Storia	История
Turbolenza	Сътресение

Aggettivi #1
Прилагателни #1

Ambizioso	Амбициозен
Aromatico	Ароматен
Artistico	Артистичен
Assoluto	Абсолютен
Attivo	Активен
Enorme	Огромен
Esotico	Екзотичен
Generoso	Щедър
Giovane	Млад
Grande	Голям
Identico	Идентичен
Importante	Важно
Lento	Бавен
Lungo	Дълго
Moderno	Модерен
Onesto	Честен
Perfetto	Идеален
Pesante	Тежък
Prezioso	Ценен
Sottile	Тънък

Aggettivi #2
Прилагателни #2

Affamato	Гладен
Asciutto	Сух
Autentico	Автентичен
Creativo	Творчески
Descrittivo	Описателен
Dolce	Сладък
Drammatico	Драматичен
Elegante	Елегантен
Famoso	Известен
Forte	Силен
Interessante	Интересно
Naturale	Природен
Normale	Нормален
Nuovo	Нов
Orgoglioso	Горд
Produttivo	Продуктивни
Puro	Чист
Responsabile	Отговорен
Salato	Солен
Sano	Здрав

Agronomia
Агрономство

Acqua	Вода
Agricoltura	Земеделие
Ambiente	Среда
Cibo	Храна
Crescita	Растеж
Ecologia	Екология
Energia	Енергия
Erosione	Ерозия
Fertilizzante	Тор
Identificazione	Идентификация
Inquinamento	Замърсяване
Malattie	Заболявания
Organico	Органични
Produzione	Производство
Ricerca	Изследване
Rurale	Селски
Scienza	Наука
Semi	Семена
Sistemi	Системи
Suolo	Почва

Algebra
Алгебра

Diagramma	Диаграма
Equazione	Уравнение
Esponente	Степен
Falso	Фалшив
Fattore	Фактор
Formula	Формула
Frazione	Фракция
Grafico	Графика
Infinito	Безкраен
Lineare	Линеен
Matrice	Матрица
Numero	Номер
Parentesi	Скоби
Problema	Проблем
Semplificare	Опрости
Soluzione	Решение
Somma	Сума
Sottrazione	Изваждане
Variabile	Променлив
Zero	Нула

Antartide
Антарктида

Acqua	Вода
Ambiente	Среда
Baia	Залив
Balene	Китове
Conservazione	Запазване
Continente	Континент
Geografia	География
Ghiacciai	Ледници
Ghiaccio	Лед
Isole	Острови
Migrazione	Миграция
Minerali	Минерали
Nuvole	Облаци
Penisola	Полуостров
Ricercatore	Изследовател
Roccioso	Скалист
Scientifico	Научен
Spedizione	Експедиция
Temperatura	Температура
Topografia	Топография

Antiquariato
Антики

Appassionato	Ентусиаст
Arte	Изкуство
Asta	Търг
Autentico	Автентичен
Collezionista	Колектор
Decenni	Десетилетия
Decorativo	Декоративен
Elegante	Елегантен
Galleria	Галерия
Insolito	Необичаен
Investimento	Инвестиция
Mobilio	Мебели
Monete	Монети
Prezzo	Цена
Qualità	Качество
Scultura	Скулптура
Secolo	Век
Stile	Стил
Valore	Стойност
Vecchio	Стар

Archeologia
Археология

Analisi	Анализ
Antichità	Древност
Antico	Древен
Civiltà	Цивилизация
Dimenticato	Забравена
Discendente	Потомък
Era	Ера
Esperto	Експерт
Fossile	Минерал
Mistero	Мистерия
Oggetti	Обекти
Ossa	Кости
Professore	Професор
Reliquia	Реликва
Ricercatore	Изследовател
Sconosciuto	Неизвестен
Squadra	Отбор
Tempio	Храм
Tomba	Гроб
Valutazione	Оценка

Arti Visive
Визуални Изкуства

Architettura	Архитектура
Argilla	Глина
Artista	Художник
Capolavoro	Шедьовър
Cavalletto	Статив
Cera	Восък
Ceramica	Керамика
Composizione	Състав
Creatività	Творчество
Film	Филм
Fotografia	Снимка
Gesso	Тебешир
Matita	Молив
Penna	Дръжка
Pittura	Живопис
Prospettiva	Перспектива
Ritratto	Портрет
Scultura	Скулптура
Stampino	Шаблон
Vernice	Лак

Astronomia
Астрономия

Asteroide	Астероид
Astronauta	Астронавт
Astronomo	Астроном
Cielo	Небе
Cosmo	Космос
Costellazione	Съзвездие
Equinozio	Равноденствие
Galassia	Галактика
Gravità	Гравитация
Luna	Луна
Meteora	Метеор
Nebulosa	Мъглявина
Osservatorio	Обсерватория
Pianeta	Планета
Radiazione	Радиация
Razzo	Ракета
Supernova	Свръхнова
Telescopio	Телескоп
Terra	Земя
Universo	Вселена

Attività
Дейности

Abilità	Умение
Arte	Изкуство
Artigianato	Занаяти
Attività	Дейност
Caccia	Лов
Campeggio	Къмпинг
Ceramica	Керамика
Cucire	Шиене
Danza	Танци
Escursioni	Туризъм
Fotografia	Фотография
Giardinaggio	Градинарство
Giochi	Игри
Interessi	Интереси
Lettura	Четене
Magia	Магия
Pesca	Риболов
Piacere	Удоволствие
Puzzle	Пъзели
Rilassamento	Релаксация

Attività Commerciale
Бизнес

Bilancio	Бюджет
Carriera	Кариера
Costo	Цена
Datore di Lavoro	Работодател
Dipendente	Служител
Economia	Икономика
Fabbrica	Фабрика
Finanza	Финанси
Investimento	Инвестиция
Merce	Стоки
Negozio	Магазин
Profitto	Печалба
Reddito	Доход
Sconto	Отстъпка
Società	Фирма
Soldi	Пари
Transazione	Транзакция
Ufficio	Офис
Valuta	Валута
Vendita	Продажба

Attività e Tempo Libero
Дейности и Свободно Време

Arte	Изкуство
Baseball	Бейзбол
Basket	Баскетбол
Boxe	Бокс
Calcio	Футбол
Campeggio	Къмпинг
Escursioni	Туризъм
Giardinaggio	Градинарство
Golf	Голф
Hobby	Хобита
Immersione	Гмуркане
Nuoto	Плуване
Pallavolo	Волейбол
Pesca	Риболов
Pittura	Живопис
Rilassante	Релаксираща
Shopping	Пазаруване
Surf	Сърфиране
Tennis	Тенис
Viaggio	Пътувам

Avventura
Приключенски

Amici	Приятели
Attività	Дейност
Bellezza	Красота
Caso	Шанс
Destinazione	Дестинация
Difficoltà	Трудност
Entusiasmo	Ентусиазъм
Escursione	Екскурзия
Gioia	Радост
Insolito	Необичаен
Itinerario	Маршрут
Natura	Природа
Navigazione	Навигация
Nuovo	Нов
Opportunità	Възможност
Pericoloso	Опасен
Preparazione	Подготовка
Sicurezza	Безопасност
Viaggi	Пътува

Balletto
Балет

Abilità	Умение
Applauso	Аплодисменти
Artistico	Артистичен
Assolo	Соло
Ballerina	Балерина
Ballerini	Танцьори
Compositore	Композитор
Coreografia	Хореография
Espressivo	Изразителен
Gesto	Жест
Intensità	Интензитет
Muscoli	Мускулите
Musica	Музика
Orchestra	Оркестър
Pratica	Практика
Prova	Репетиция
Pubblico	Публика
Ritmo	Ритъм
Stile	Стил
Tecnica	Техника

Barbecue
Барбекюта

Caldo	Горещ
Cena	Вечеря
Cibo	Храна
Cipolle	Лук
Coltelli	Ножове
Estate	Лято
Fame	Глад
Famiglia	Семейство
Frutta	Плодове
Giochi	Игри
Griglia	Скара
Insalate	Салати
Invito	Покана
Musica	Музика
Pepe	Пипер
Pollo	Пиле
Pomodori	Домати
Pranzo	Обяд
Sale	Сол
Salsa	Сос

Bellezza
Красота

Colore	Цвят
Cosmetici	Козметика
Elegante	Елегантен
Eleganza	Елегантност
Fascino	Чар
Forbici	Ножица
Fotogenico	Фотогеничен
Fragranza	Аромат
Grazia	Благодат
Liscio	Гладка
Mascara	Спирала
Oli	Масла
Pelle	Кожа
Prodotti	Продукти
Riccioli	Къдрици
Rossetto	Червило
Servizi	Услуги
Shampoo	Шампоан
Specchio	Огледало
Stilista	Стилист

Biologia
Биология

Anatomia	Анатомия
Batteri	Бактерии
Cellula	Клетка
Collagene	Колаген
Cromosoma	Хромозома
Embrione	Ембрион
Enzima	Ензим
Evoluzione	Еволюция
Fotosintesi	Фотосинтеза
Mammifero	Бозайник
Mutazione	Мутация
Naturale	Природен
Nervo	Нерв
Neurone	Неврон
Ormone	Хормон
Osmosi	Осмоза
Proteina	Протеин
Rettile	Влечуго
Simbiosi	Симбиоза
Sinapsi	Синапс

Campeggio
Къмпинг

Alberi	Дървета
Amaca	Хамак
Animali	Животни
Avventura	Приключение
Bussola	Компас
Cabina	Кабина
Caccia	Лов
Canoa	Кану
Cappello	Шапка
Corda	Въже
Divertimento	Забавление
Foresta	Гора
Fuoco	Огън
Insetto	Насекомо
Lago	Езеро
Luna	Луна
Mappa	Карта
Montagna	Планина
Natura	Природа
Tenda	Палатка

Casa
Къща

Attico	Таван
Biblioteca	Библиотека
Camera	Стая
Camino	Камина
Chiavi	Ключове
Cucina	Кухня
Doccia	Душ
Finestra	Прозорец
Garage	Гараж
Giardino	Градина
Lampada	Лампа
Parete	Стена
Pavimento	Етаж
Porta	Врата
Recinto	Ограда
Rubinetto	Кран
Scopa	Метла
Specchio	Огледало
Tappeto	Килим
Tetto	Покрив

Chimica
Химия

Acido	Киселина
Alcalino	Алкална
Atomico	Атомен
Calore	Топлина
Carbonio	Въглерод
Catalizzatore	Катализатор
Cloro	Хлор
Elettrone	Електрон
Enzima	Ензим
Gas	Газ
Idrogeno	Водород
Ione	Йон
Liquido	Течност
Molecola	Молекула
Nucleare	Ядрен
Organico	Органични
Ossigeno	Кислород
Peso	Тегло
Sale	Сол
Temperatura	Температура

Cibo #1
Храна #1

Aglio	Чесън
Basilico	Босилек
Cannella	Канела
Carne	Месо
Carota	Морков
Cipolla	Лук
Fragola	Ягода
Insalata	Салата
Latte	Мляко
Limone	Лимон
Menta	Мента
Orzo	Ечемик
Pera	Круша
Rapa	Ряпа
Sale	Сол
Spinaci	Спанак
Succo	Сок
Tonno	Тон
Torta	Торта
Zucchero	Захар

Cibo #2
Храна #2

Banana	Банан
Broccolo	Броколи
Ciliegia	Череша
Cioccolato	Шоколад
Formaggio	Сирене
Fungo	Гъба
Grano	Пшеница
Kiwi	Киви
Mela	Ябълка
Melanzana	Патладжан
Pane	Хляб
Pesce	Риба
Pollo	Пиле
Pomodoro	Домат
Prosciutto	Шунка
Riso	Ориз
Sedano	Целина
Uovo	Яйце
Uva	Грозде
Yogurt	Кисело Мляко

Cioccolato
Шоколад

Amaro	Горчив
Antiossidante	Антиоксидант
Arachidi	Фъстъци
Aroma	Аромат
Artigianale	Занаятчийски
Cacao	Какао
Calorie	Калории
Caramella	Бонбон
Caramello	Карамел
Delizioso	Вкусен
Dolce	Сладък
Esotico	Екзотичен
Gusto	Вкус
Ingrediente	Съставка
Noce di Cocco	Кокосов Орех
Polvere	Прах
Preferito	Любим
Qualità	Качество
Ricetta	Рецепта
Zucchero	Захар

Città
Град

Aeroporto	Летище
Banca	Банка
Biblioteca	Библиотека
Cinema	Кино
Clinica	Клиника
Farmacia	Аптека
Fiorista	Цветар
Galleria	Галерия
Hotel	Хотел
Libreria	Книжарница
Mercato	Пазар
Museo	Музей
Negozio	Магазин
Panetteria	Фурна
Scuola	Училище
Stadio	Стадион
Supermercato	Супермаркет
Teatro	Театър
Università	Университет
Zoo	Зоопарк

Corpo Umano
Човешкото Тяло

Bocca	Уста
Caviglia	Глезен
Cervello	Мозък
Collo	Врата
Cuore	Сърце
Dito	Пръст
Faccia	Лице
Gamba	Крак
Ginocchio	Коляно
Gomito	Лакът
Mano	Ръка
Mento	Брадичка
Naso	Нос
Occhio	Око
Orecchio	Ухо
Pelle	Кожа
Sangue	Кръв
Spalla	Рамо
Stomaco	Стомах
Testa	Глава

Creatività
Творчество

Abilità	Умение
Artistico	Артистичен
Autenticità	Автентичност
Chiarezza	Яснота
Drammatico	Драматичен
Emozioni	Емоции
Espressione	Израз
Idee	Идеи
Immaginazione	Въображение
Immagine	Изображение
Impressione	Впечатление
Intensità	Интензитет
Intuizione	Интуиция
Inventivo	Изобретателен
Ispirazione	Вдъхновение
Sensazione	Усещане
Sentimenti	Чувства
Spontaneo	Спонтанен
Visioni	Видения
Vitalità	Жизненост

Cucina
Кухня

Bacchette	Пръчици
Bollitore	Чайник
Brocca	Кана
Cibo	Храна
Ciotola	Купа
Coltelli	Ножове
Congelatore	Фризер
Cucchiai	Лъжици
Forchette	Вилици
Forno	Фурна
Frigorifero	Хладилник
Grembiule	Престилка
Griglia	Скара
Mestolo	Черпак
Ricetta	Рецепта
Spezie	Подправки
Spugna	Гъба
Tazze	Чаши
Tovagliolo	Салфетка
Vaso	Буркан

Danza
Танцувай

Accademia	Академия
Arte	Изкуство
Classico	Класически
Compagno	Партньор
Coreografia	Хореография
Corpo	Тяло
Cultura	Култура
Culturale	Културен
Emozione	Емоция
Espressivo	Изразителен
Gioioso	Радостен
Grazia	Благодат
Movimento	Движение
Musica	Музика
Postura	Поза
Prova	Репетиция
Ritmo	Ритъм
Tradizionale	Традиционен
Visivo	Визуален

Diplomazia
Дипломация

Ambasciata	Посолство
Ambasciatore	Посланик
Campagne	Кампании
Cittadini	Граждани
Civico	Граждански
Comunità	Общност
Conflitto	Конфликт
Consigliere	Съветник
Discussione	Дискусия
Etica	Етика
Giustizia	Справедливост
Governo	Правителство
Integrità	Цялост
Lingue	Езици
Politica	Политика
Risoluzione	Резолюция
Sicurezza	Сигурност
Soluzione	Решение
Trattato	Договор
Umanitario	Хуманитарен

Discipline Scientifiche
Научни Дисциплини

Anatomia	Анатомия
Archeologia	Археология
Astronomia	Астрономия
Biochimica	Биохимия
Biologia	Биология
Botanica	Ботаника
Chimica	Химия
Ecologia	Екология
Fisiologia	Физиология
Geologia	Геология
Immunologia	Имунология
Linguistica	Лингвистика
Meccanica	Механика
Meteorologia	Метеорология
Mineralogia	Минералогия
Neurologia	Неврология
Psicologia	Психология
Sociologia	Социология
Termodinamica	Термодинамика
Zoologia	Зоология

Ecologia
Екология

Clima	Климат
Comunità	Общности
Diversità	Разнообразие
Fauna	Фауна
Flora	Флора
Globale	Глобален
Marino	Морски
Montagne	Планини
Natura	Природа
Naturale	Природен
Palude	Блато
Piante	Растения
Risorse	Ресурси
Siccità	Суша
Sopravvivenza	Оцеляване
Sostenibile	Устойчив
Specie	Вид
Varietà	Сорт
Vegetazione	Растителност
Volontari	Доброволци

Edifici
Сгради

Ambasciata	Посолство
Appartamento	Апартамент
Cabina	Кабина
Castello	Замък
Cinema	Кино
Fabbrica	Фабрика
Fattoria	Ферма
Fienile	Плевня
Hotel	Хотел
Laboratorio	Лаборатория
Museo	Музей
Ospedale	Болница
Osservatorio	Обсерватория
Scuola	Училище
Stadio	Стадион
Supermercato	Супермаркет
Teatro	Театър
Tenda	Палатка
Torre	Кула
Università	Университет

Elettricità
Електричество

Attrezzatura	Оборудване
Batteria	Батерия
Cavo	Кабел
Conservazione	Съхранение
Elettricista	Електротехник
Elettrico	Електрически
Generatore	Генератор
Lampada	Лампа
Lampadina	Крушка
Laser	Лазер
Magnete	Магнит
Negativo	Отрицателен
Oggetti	Обекти
Positivo	Положителен
Presa	Гнездо
Quantità	Количество
Rete	Мрежа
Telefono	Телефон
Televisione	Телевизия

Energia
Енергия

Ambiente	Среда
Batteria	Батерия
Benzina	Бензин
Calore	Топлина
Carbonio	Въглерод
Carburante	Гориво
Diesel	Дизел
Elettrico	Електрически
Elettrone	Електрон
Entropia	Ентропия
Fotone	Фотон
Idrogeno	Водород
Industria	Индустрия
Inquinamento	Замърсяване
Motore	Двигател
Nucleare	Ядрен
Rinnovabile	Възобновяем
Turbina	Турбина
Vapore	Пара
Vento	Вятър

Erboristeria
Билбализъм

Aglio	Чесън
Aromatico	Ароматен
Basilico	Босилек
Coriandolo	Кориандър
Culinario	Кулинарен
Dragoncello	Естрагон
Finocchio	Копър
Fiore	Цвете
Giardino	Градина
Ingrediente	Съставка
Lavanda	Лавандула
Maggiorana	Риган
Menta	Мента
Pianta	Растение
Prezzemolo	Магданоз
Qualità	Качество
Rosmarino	Розмарин
Timo	Мащерка
Verde	Зелен
Zafferano	Шафран

Escursionismo
Туризъм

Acqua	Вода
Animali	Животни
Campeggio	Къмпинг
Clima	Климат
Guide	Ръководства
Mappa	Карта
Montagna	Планина
Natura	Природа
Orientamento	Ориентация
Parchi	Паркове
Pesante	Тежък
Pietre	Камъни
Preparazione	Подготовка
Scogliera	Скала
Selvaggio	Див
Sole	Слънце
Stanco	Уморен
Stivali	Ботуши
Vertice	Връх
Zanzare	Комари

Famiglia
Семейство

Antenato	Предшественик
Bambini	Деца
Bambino	Дете
Cugino	Братовчед
Figlia	Дъщеря
Fratello	Брат
Infanzia	Детство
Madre	Майка
Marito	Съпруг
Materno	Майчин
Moglie	Жена
Nipote	Племенник
Nipote	Внук
Nonna	Баба
Nonno	Дядо
Padre	Баща
Paterno	Бащина
Sorella	Сестра
Zia	Леля
Zio	Чичо

Fantascienza
Научна Фантастика

Atomico	Атомен
Cinema	Кино
Distopia	Дистопия
Esplosione	Експлозия
Estremo	Екстремни
Fantastico	Фантастично
Fuoco	Огън
Futuristico	Футуристичен
Galassia	Галактика
Illusione	Илюзия
Immaginario	Въображаем
Libri	Книги
Misterioso	Мистериозен
Mondo	Свят
Oracolo	Оракул
Pianeta	Планета
Robot	Роботи
Scenario	Сценарий
Tecnologia	Технология
Utopia	Утопия

Fattoria #1
Ферма #1

Acqua	Вода
Ape	Пчела
Asino	Магаре
Campo	Поле
Cane	Куче
Capra	Коза
Cavallo	Кон
Fertilizzante	Тор
Fieno	Сено
Gatto	Котка
Gregge	Стадо
Maiale	Свиня
Miele	Мед
Mucca	Крава
Pollo	Пиле
Recinto	Ограда
Riso	Ориз
Semi	Семена
Terra	Земя
Vitello	Теле

Fattoria #2
Ферма #2

Agnello	Агне
Agricoltore	Фермер
Alveare	Кошер
Anatra	Патица
Animali	Животни
Cibo	Храна
Fienile	Плевня
Frutta	Плодове
Grano	Пшеница
Irrigazione	Напояване
Lama	Лама
Latte	Мляко
Mais	Царевица
Oche	Гъски
Orzo	Ечемик
Pastore	Овчар
Pecora	Овца
Prato	Ливада
Trattore	Трактор
Verdura	Зеленчук

Fiori
Цветя

Calendula	Невен
Dente di Leone	Глухарче
Gardenia	Гардения
Gelsomino	Жасмин
Giglio	Лилия
Girasole	Слънчоглед
Ibisco	Хибискус
Lavanda	Лавандула
Lilla	Люляк
Magnolia	Магнолия
Margherita	Маргаритка
Mazzo	Букет
Narciso	Нарцис
Orchidea	Орхидея
Papavero	Мак
Peonia	Божур
Petalo	Венчелистче
Rosa	Роза
Trifoglio	Детелина
Tulipano	Лале

Fisica
Физика

Accelerazione	Ускорение
Atomo	Атом
Caos	Хаос
Chimico	Химически
Densità	Плътност
Elettrone	Електрон
Espansione	Разширяване
Formula	Формула
Frequenza	Честота
Gas	Газ
Gravità	Гравитация
Magnetismo	Магнетизъм
Meccanica	Механика
Molecola	Молекула
Motore	Двигател
Nucleare	Ядрен
Particella	Частица
Relatività	Относителност
Universale	Универсален
Velocità	Скорост

Forme
Форми

Angolo	Ъгъл
Arco	Дъга
Bordi	Ръбове
Cerchio	Кръг
Cilindro	Цилиндър
Cono	Конус
Cubo	Куб
Curva	Крива
Ellisse	Елипса
Iperbole	Хипербола
Lato	Страна
Linea	Линия
Ovale	Овал
Piramide	Пирамида
Poligono	Полигон
Prisma	Призма
Quadrato	Квадрат
Rettangolo	Правоъгълник
Sfera	Сфера
Triangolo	Триъгълник

Forniture Artistiche
Арт Консумативи

Acqua	Вода
Acquerelli	Акварели
Acrilico	Акрилен
Argilla	Глина
Carta	Хартия
Cavalletto	Статив
Colla	Лепило
Colori	Цветове
Creatività	Творчество
Gomma	Гумичка
Idee	Идеи
Inchiostro	Мастило
Matite	Моливи
Olio	Масло
Pastelli	Пастели
Sedia	Стол
Spazzole	Четки
Tavolo	Маса
Telecamera	Камера
Vernici	Бои

Forza e Gravità
Сила и Гравитация

Asse	Ос
Attrito	Триене
Centro	Център
Dinamico	Динамичен
Distanza	Разстояние
Espansione	Разширяване
Fisica	Физика
Impatto	Въздействие
Magnetismo	Магнетизъм
Meccanica	Механика
Movimento	Движение
Orbita	Орбита
Peso	Тегло
Pianeti	Планети
Pressione	Налягане
Proprietà	Имоти
Scoperta	Откритие
Tempo	Час
Universale	Универсален
Velocità	Скорост

Frutta
Плодове

Albicocca	Кайсия
Ananas	Ананас
Arancia	Оранжев
Avocado	Авокадо
Bacca	Бери
Banana	Банан
Ciliegia	Череша
Kiwi	Киви
Lampone	Малина
Limone	Лимон
Mango	Манго
Mela	Ябълка
Melone	Пъпеш
Mora	Къпина
Nettarina	Нектарин
Papaia	Папая
Pera	Круша
Pesca	Праскова
Prugna	Слива
Uva	Грозде

Geografia
География

Altitudine	Височина
Atlante	Атлас
Città	Град
Continente	Континент
Emisfero	Полукълбо
Fiume	Река
Isola	Остров
Latitudine	Ширина
Longitudine	Дължина
Mappa	Карта
Mare	Море
Meridiano	Меридиан
Mondo	Свят
Montagna	Планина
Nord	Север
Ovest	Запад
Paese	Страна
Regione	Регион
Sud	Юг
Territorio	Територия

Geologia
Геология

Acido	Киселина
Altopiano	Плато
Calcio	Калций
Caverna	Пещера
Continente	Континент
Corallo	Корал
Cristalli	Кристали
Erosione	Ерозия
Fossile	Минерал
Geyser	Гейзер
Lava	Лава
Minerali	Минерали
Pietra	Камък
Quarzo	Кварц
Sale	Сол
Stalagmiti	Сталагмити
Stalattite	Сталактит
Strato	Слой
Terremoto	Земетресение
Vulcano	Вулкан

Geometria
Геометрия

Altezza	Височина
Angolo	Ъгъл
Calcolo	Изчисление
Cerchio	Кръг
Curva	Крива
Diametro	Диаметър
Dimensione	Измерение
Equazione	Уравнение
Logica	Логика
Mediano	Медиана
Numero	Номер
Orizzontale	Хоризонтален
Parallelo	Прилика
Proporzione	Пропорция
Segmento	Сегмент
Simmetria	Симетрия
Superficie	Повърхност
Teoria	Теория
Triangolo	Триъгълник
Verticale	Вертикален

Giardino
Градина

Albero	Дърво
Amaca	Хамак
Cespuglio	Храст
Erba	Трева
Erbacce	Плевели
Fiore	Цвете
Garage	Гараж
Giardino	Градина
Pala	Лопата
Panca	Пейка
Portico	Веранда
Rastrello	Рака
Recinto	Ограда
Rocce	Скали
Stagno	Езерце
Suolo	Почва
Terrazza	Тераса
Trampolino	Батут
Tubo	Маркуч
Vite	Лоза

Giorni e Mesi
Дни и Месеци

Agosto	Август
Anno	Година
Aprile	Април
Calendario	Календар
Dicembre	Декември
Domenica	Неделя
Febbraio	Февруари
Gennaio	Януари
Giugno	Юни
Luglio	Юли
Lunedì	Понеделник
Martedì	Вторник
Mercoledì	Сряда
Mese	Месец
Novembre	Ноември
Ottobre	Октомври
Sabato	Събота
Settembre	Септември
Settimana	Седмица
Venerdì	Петък

Governo
Правителството

Capo	Лидер
Cittadinanza	Гражданство
Civile	Граждански
Costituzione	Конституция
Democrazia	Демокрация
Discorso	Реч
Discussione	Дискусия
Giudiziario	Съдебен
Giustizia	Справедливост
Indipendenza	Независимост
Legge	Закон
Libertà	Свобода
Monumento	Паметник
Nazionale	Национален
Nazione	Нация
Politica	Политика
Quartiere	Област
Simbolo	Символ
Stato	Държава
Uguaglianza	Равенство

Guida
Шофиране

Auto	Кола
Autobus	Автобус
Carburante	Гориво
Freni	Спирачки
Garage	Гараж
Gas	Газ
Incidente	Злополука
Licenza	Лиценз
Mappa	Карта
Moto	Мотоциклет
Motore	Мотор
Pedonale	Пешеходец
Pericolo	Опасност
Polizia	Полиция
Sicurezza	Безопасност
Strada	Път
Traffico	Трафик
Trasporto	Транспорт
Tunnel	Тунел
Velocità	Скорост

I Media
Медиите

Commerciale	Търговски
Comunicazione	Комуникация
Digitale	Цифров
Edizione	Издание
Educazione	Образование
Fatti	Факти
Finanziamento	Финансиране
Foto	Снимки
Giornali	Вестници
Individuale	Индивидуален
Industria	Индустрия
Intellettuale	Интелектуален
Locale	Местен
Online	Онлайн
Opinione	Мнение
Pubblicità	Реклами
Pubblico	Обществен
Radio	Радио
Rete	Мрежа
Televisione	Телевизия

Imbarcazioni
Лодки

Albero	Мачта
Ancora	Котва
Barca a Vela	Платноходка
Boa	Шамандура
Canoa	Кану
Corda	Въже
Equipaggio	Екипаж
Fiume	Река
Kayak	Каяк
Lago	Езеро
Mare	Море
Marea	Прилив
Marinaio	Моряк
Motore	Двигател
Nautico	Морски
Oceano	Океан
Onde	Вълни
Traghetto	Ферибот
Yacht	Яхта
Zattera	Сал

Immigrazione
Имиграция

Adulti	Възрастни
Aiuto	Помощ
Alloggio	Жилище
Amministrazione	Администрация
Approvazione	Одобрение
Bambini	Деца
Comunicazione	Комуникация
Documenti	Документи
Finanziamento	Финансиране
Frontiere	Граници
Legge	Закон
Lingua	Език
Processo	Процес
Protezione	Защита
Scadenza	Краен Срок
Situazione	Ситуация
Soluzione	Решение
Stress	Стрес
Trattativa	Преговори
Ufficiale	Офицер

Ingegneria
Инженерно Изкуство

Angolo	Ъгъл
Asse	Ос
Calcolo	Изчисление
Costruzione	Строителство
Diagramma	Диаграма
Diametro	Диаметър
Diesel	Дизел
Distribuzione	Разпределение
Energia	Енергия
Forza	Сила
Leve	Лостове
Liquido	Течност
Macchina	Машина
Misurazione	Измерване
Motore	Двигател
Profondità	Дълбочина
Propulsione	Задвижване
Rotazione	Въртене
Stabilità	Стабилност
Struttura	Структура

Insetti
Насекоми

Afide	Въшка
Ape	Пчела
Calabrone	Стършел
Cavalletta	Скакалец
Cicala	Цикада
Coccinella	Калинка
Coleottero	Бръмбар
Falena	Молец
Farfalla	Пеперуда
Formica	Мравка
Larva	Ларва
Libellula	Водно Конче
Mantide	Богомолка
Pulce	Бълха
Scarafaggio	Хлебарка
Termite	Термит
Verme	Червей
Vespa	Оса
Zanzara	Комар

Jazz
Джаз

Album	Албум
Applauso	Аплодисменти
Artista	Художник
Canzone	Песен
Compositore	Композитор
Composizione	Състав
Concerto	Концерт
Enfasi	Акцент
Famoso	Известен
Genere	Жанр
Improvvisazione	Импровизация
Musica	Музика
Nuovo	Нов
Orchestra	Оркестър
Preferiti	Любими
Ritmo	Ритъм
Stile	Стил
Talento	Талант
Tecnica	Техника
Vecchio	Стар

L'Azienda
Фирмата

Creativo	Творчески
Decisione	Решение
Globale	Глобален
Industria	Индустрия
Innovativo	Новаторски
Investimento	Инвестиция
Occupazione	Заетост
Possibilità	Възможност
Presentazione	Презентация
Prodotto	Продукт
Professionale	Професионален
Progresso	Напредък
Qualità	Качество
Reddito	Приходи
Reputazione	Репутация
Rischi	Рискове
Risorse	Ресурси
Salari	Заплати
Tendenze	Тенденции
Unità	Единици

Letteratura
Литература

Analisi	Анализ
Analogia	Аналогия
Aneddoto	Анекдот
Autore	Автор
Biografia	Биография
Conclusione	Заключение
Confronto	Сравнение
Descrizione	Описание
Dialogo	Диалог
Genere	Жанр
Metafora	Метафора
Opinione	Мнение
Poesia	Стихотворение
Poetico	Поетичен
Rima	Рима
Ritmo	Ритъм
Romanzo	Роман
Stile	Стил
Tema	Тема
Tragedia	Трагедия

Libri
Книги

Autore	Автор
Avventura	Приключение
Collezione	Колекция
Contesto	Контекст
Dualità	Двойственост
Epico	Епичен
Immersione	Потапяне
Inventivo	Изобретателен
Letterario	Литература
Lettore	Читател
Narratore	Разказвач
Pagina	Страница
Poesia	Поезия
Rilevante	Уместен
Romanzo	Роман
Serie	Серия
Storia	История
Storico	Исторически
Tragico	Трагичен
Umoristico	Хумористичен

Malattia
Болест

Addominale	Коремна
Allergie	Алергии
Batterico	Бактериален
Contagioso	Заразен
Corpo	Тяло
Cronico	Хроничен
Cuore	Сърце
Debole	Слаб
Ereditario	Наследствен
Genetico	Генетичен
Immunità	Имунитет
Infiammazione	Възпаление
Lombare	Лумбалните
Neuropatia	Невропатия
Ossa	Кости
Polmonare	Белодробен
Respiratorio	Дихателен
Salute	Здраве
Sindrome	Синдром
Terapia	Терапия

Mammiferi
Бозайници

Balena	Кит
Cane	Куче
Canguro	Кенгуру
Cavallo	Кон
Cervo	Елен
Coniglio	Заек
Coyote	Койот
Delfino	Делфин
Elefante	Слон
Gatto	Котка
Giraffa	Жираф
Gorilla	Горила
Leone	Лъв
Lupo	Вълк
Orso	Мечка
Pecora	Овца
Scimmia	Маймуна
Toro	Бик
Volpe	Лисица
Zebra	Зебра

Matematica
Математически

Angoli	Ъгли
Aritmetica	Аритметика
Circonferenza	Обиколка
Decimale	Десетичен
Diametro	Диаметър
Equazione	Уравнение
Esponente	Степен
Frazione	Фракция
Geometria	Геометрия
Parallelo	Прилика
Perimetro	Периметър
Poligono	Полигон
Quadrato	Квадрат
Raggio	Радиус
Rettangolo	Правоъгълник
Sfera	Сфера
Simmetria	Симетрия
Somma	Сума
Triangolo	Триъгълник

Meditazione
Медитация

Accettazione	Приемане
Attenzione	Внимание
Calma	Спокоен
Chiarezza	Яснота
Compassione	Състрадание
Emozioni	Емоции
Gentilezza	Доброта
Gratitudine	Благодарност
Mentale	Умствен
Mente	Ум
Movimento	Движение
Musica	Музика
Natura	Природа
Osservazione	Наблюдение
Pace	Мир
Pensieri	Мисли
Postura	Поза
Prospettiva	Перспектива
Respirazione	Дишане
Silenzio	Тишина

Meteo
Времето

Arcobaleno	Дъга
Asciutto	Сух
Atmosfera	Атмосфера
Calma	Спокоен
Cielo	Небе
Clima	Климат
Fulmine	Цип
Ghiaccio	Лед
Monsone	Мусон
Nebbia	Мъгла
Nube	Облак
Polare	Полярни
Siccità	Суша
Temperatura	Температура
Tempesta	Буря
Tornado	Торнадо
Tropicale	Тропически
Tuono	Гръм
Uragano	Ураган
Vento	Вятър

Misurazioni
Измервания

Altezza	Височина
Byte	Байт
Centimetro	Сантиметър
Chilogrammo	Килограм
Chilometro	Километър
Decimale	Десетичен
Grado	Градус
Grammo	Грам
Larghezza	Ширина
Litro	Литър
Lunghezza	Дължина
Massa	Маса
Metro	Метър
Minuto	Минута
Oncia	Унция
Peso	Тегло
Pollice	Инч
Profondità	Дълбочина
Tonnellata	Тон

Mitologia
Митология

Archetipo	Архетип
Comportamento	Поведение
Creatura	Създание
Creazione	Създаване
Cultura	Култура
Disastro	Бедствие
Divinità	Божества
Eroe	Герой
Forza	Сила
Fulmine	Мълния
Gelosia	Ревност
Guerriero	Воин
Immortalità	Безсмъртие
Labirinto	Лабиринт
Leggenda	Легенда
Magico	Магически
Mortale	Смъртен
Mostro	Чудовище
Tuono	Гръм
Vendetta	Отмъщение

Musica
Музика

Album	Албум
Armonia	Хармония
Ballata	Балада
Cantante	Певец
Cantare	Пея
Classico	Класически
Coro	Хор
Lirico	Лиричен
Melodia	Мелодия
Microfono	Микрофон
Musicale	Музикален
Musicista	Музикант
Opera	Опера
Poetico	Поетичен
Registrazione	Запис
Ritmico	Ритмичен
Ritmo	Ритъм
Strumento	Инструмент
Tempo	Темпо
Vocale	Вокал

Natura
Природата

Animali	Животни
Api	Пчели
Artico	Арктика
Bellezza	Красота
Deserto	Пустиня
Dinamico	Динамичен
Erosione	Ерозия
Fiume	Река
Fogliame	Лист
Foresta	Гора
Ghiacciaio	Ледник
Montagne	Планини
Nebbia	Мъгла
Nuvole	Облаци
Rifugio	Подслон
Santuario	Светилище
Selvaggio	Див
Tropicale	Тропически
Vitale	Жизненоважни

Numeri
Числа

Cinque	Пет
Decimale	Десетичен
Diciannove	Деветнадесет
Diciassette	Седемнадесет
Diciotto	Осемнадесет
Dieci	Десет
Dodici	Дванадесет
Due	Две
Nove	Девет
Otto	Осем
Quattordici	Четиринадесет
Quattro	Четири
Quindici	Петнадесет
Sedici	Шестнадесет
Sei	Шест
Sette	Седем
Tre	Три
Tredici	Тринадесет
Venti	Двадесет
Zero	Нула

Nutrizione
Хранене

Amaro	Горчив
Appetito	Апетит
Bilanciato	Балансиран
Calorie	Калории
Carboidrati	Въглехидрати
Commestibile	Ядни
Dieta	Диета
Digestione	Храносмилане
Fermentazione	Ферментация
Liquidi	Течности
Nutriente	Хранително
Peso	Тегло
Proteine	Протеини
Qualità	Качество
Salsa	Сос
Salute	Здраве
Sano	Здрав
Spezie	Подправки
Tossina	Токсин
Vitamina	Витамин

Oceano
Океан

Anguilla	Змиорка
Balena	Кит
Barca	Лодка
Corallo	Корал
Delfino	Делфин
Gamberetto	Скариди
Granchio	Рак
Maree	Приливи
Medusa	Медуза
Onde	Вълни
Ostrica	Стрида
Pesce	Риба
Polpo	Октопод
Sale	Сол
Scogliera	Риф
Spugna	Гъба
Squalo	Акула
Tartaruga	Костенурка
Tempesta	Буря
Tonno	Тон

Paesaggi
Пейзажи

Cascata	Водопад
Collina	Хълм
Deserto	Пустиня
Fiume	Река
Geyser	Гейзер
Ghiacciaio	Ледник
Grotta	Пещера
Iceberg	Айсберг
Isola	Остров
Lago	Езеро
Mare	Море
Montagna	Планина
Oasi	Оазис
Oceano	Океан
Palude	Блато
Penisola	Полуостров
Spiaggia	Плаж
Tundra	Тундра
Valle	Долина
Vulcano	Вулкан

Paesi #1
Страни #1

Brasile	Бразилия
Cambogia	Камбоджа
Canada	Канада
Egitto	Египет
Finlandia	Финландия
Germania	Германия
India	Индия
Iraq	Ирак
Israele	Израел
Libia	Либия
Mali	Мали
Marocco	Мароко
Norvegia	Норвегия
Panama	Панама
Polonia	Полша
Romania	Румъния
Senegal	Сенегал
Spagna	Испания
Venezuela	Венецуела
Vietnam	Виетнам

Paesi #2
Страни #2

Albania	Албания
Danimarca	Дания
Etiopia	Етиопия
Giamaica	Ямайка
Giappone	Япония
Grecia	Гърция
Haiti	Хаити
Indonesia	Индонезия
Irlanda	Ирландия
Laos	Лаос
Liberia	Либерия
Messico	Мексико
Nepal	Непал
Nigeria	Нигерия
Pakistan	Пакистан
Russia	Русия
Siria	Сирия
Sudan	Судан
Ucraina	Украйна
Uganda	Уганда

Piante
Растения

Albero	Дърво
Bacca	Бери
Bambù	Бамбук
Botanica	Ботаника
Cactus	Кактус
Cespuglio	Храст
Crescere	Раста
Edera	Бръшлян
Erba	Билка
Fagiolo	Боб
Fertilizzante	Тор
Fiore	Цвете
Flora	Флора
Foglia	Лист
Foresta	Гора
Giardino	Градина
Muschio	Мъх
Petalo	Венчелистче
Radice	Корен
Vegetazione	Растителност

Professioni #1
Професии #1

Allenatore	Треньор
Ambasciatore	Посланик
Artista	Художник
Astronomo	Астроном
Avvocato	Адвокат
Ballerino	Танцьорка
Banchiere	Банкер
Cacciatore	Ловец
Cartografo	Картограф
Editore	Редактор
Farmacista	Фармацевт
Geologo	Геолог
Gioielliere	Бижутер
Idraulico	Водопроводчик
Marinaio	Моряк
Musicista	Музикант
Pianista	Пианист
Psicologo	Психолог
Scienziato	Учен
Veterinario	Ветеринар

Professioni #2
Професии #2

Astronauta	Астронавт
Bibliotecario	Библиотекар
Biologo	Биолог
Chirurgo	Хирург
Dentista	Зъболекар
Filosofo	Философ
Fotografo	Фотограф
Giardiniere	Градинар
Giornalista	Журналист
Illustratore	Илюстратор
Ingegnere	Инженер
Insegnante	Учител
Inventore	Изобретател
Investigatore	Следовател
Linguista	Лингвист
Medico	Лекар
Pilota	Пилот
Pittore	Художник
Ricercatore	Изследовател
Zoologo	Зоолог

Psicologia
Психология

Clinico	Клиничен
Cognizione	Познание
Comportamento	Поведение
Conflitto	Конфликт
Ego	Его
Emozioni	Емоции
Idee	Идеи
Inconscio	Безсъзнание
Infanzia	Детство
Influenze	Влияния
Pensieri	Мисли
Percezione	Възприемане
Personalità	Личност
Problema	Проблем
Realtà	Реалност
Sensazione	Усещане
Sogni	Мечти
Subconscio	Подсъзнателно
Terapia	Терапия
Valutazione	Оценка

Riempire
Запълване

Bacino	Басейн
Barile	Цев
Borsa	Чанта
Bottiglia	Шише
Busta	Плик
Cartella	Папка
Cassa	Щайга
Cassetto	Чекмедже
Cesto	Кошница
Nave	Кораб
Pacchetto	Пакет
Scatola	Кутия
Secchio	Кофа
Tasca	Джоб
Tubo	Тръба
Valigia	Куфар
Vasca	Вана
Vaso	Ваза
Vassoio	Тава

Ristorante #2
Ресторант #2

Acqua	Вода
Bevanda	Напитка
Cameriere	Сервитьор
Cena	Вечеря
Cucchiaio	Лъжица
Delizioso	Вкусен
Forchetta	Вилица
Frutta	Плодове
Ghiaccio	Лед
Insalata	Салата
Minestra	Супа
Pesce	Риба
Pranzo	Обяд
Sale	Сол
Sedia	Стол
Spezie	Подправки
Torta	Торта
Uova	Яйца
Verdure	Зеленчуци

Salute e Benessere #1
Здраве и Благополучие №1

Abitudine	Навик
Altezza	Височина
Attivo	Активен
Batteri	Бактерии
Clinica	Клиника
Fame	Глад
Farmacia	Аптека
Frattura	Фрактура
Medicina	Медицина
Medico	Лекар
Muscoli	Мускулите
Nervi	Нерви
Ormoni	Хормони
Pelle	Кожа
Postura	Поза
Riflesso	Рефлекс
Rilassamento	Релаксация
Terapia	Терапия
Trattamento	Лечение
Virus	Вирус

Salute e Benessere #2
Здраве и Благополучие № 2

Allergia	Алергия
Anatomia	Анатомия
Appetito	Апетит
Caloria	Калория
Corpo	Тяло
Dieta	Диета
Digestione	Храносмилане
Disidratazione	Дехидрация
Energia	Енергия
Genetica	Генетика
Igiene	Хигиена
Infezione	Инфекция
Malattia	Болест
Massaggio	Масаж
Nutrizione	Храна
Ospedale	Болница
Peso	Тегло
Sangue	Кръв
Sano	Здрав
Vitamina	Витамин

Scienza
Наука

Atomo	Атом
Chimico	Химически
Clima	Климат
Dati	Данни
Esperimento	Експеримент
Evoluzione	Еволюция
Fatto	Факт
Fisica	Физика
Fossile	Минерал
Gravità	Гравитация
Ipotesi	Хипотеза
Laboratorio	Лаборатория
Metodo	Метод
Minerali	Минерали
Molecole	Молекули
Natura	Природа
Organismo	Организъм
Osservazione	Наблюдение
Particelle	Частици
Scienziato	Учен

Spezie
Подправки

Aglio	Чесън
Amaro	Горчив
Anice	Анасон
Cannella	Канела
Cardamomo	Кардамон
Cipolla	Лук
Coriandolo	Кориандър
Cumino	Кимион
Curcuma	Куркума
Curry	Къри
Dolce	Сладък
Finocchio	Копър
Gusto	Вкус
Liquirizia	Женско Биле
Paprika	Червен Пипер
Pepe	Пипер
Sale	Сол
Vaniglia	Ванилия
Zafferano	Шафран
Zenzero	Джинджифил

Sport
Спорт

Allenatore	Треньор
Atleta	Спортист
Capacità	Способност
Ciclismo	Колоездене
Corpo	Тяло
Danza	Танци
Dieta	Диета
Forza	Сила
Jogging	Джогинг
Massimizzare	Увелича
Muscoli	Мускулите
Nutrizione	Храна
Obiettivo	Цел
Ossa	Кости
Programma	Програма
Resistenza	Издръжливост
Salute	Здраве
Sportivo	Спорт
Stretching	Разтягане

Strumenti Musicali
Музикални Инструменти

Armonica	Хармоника
Arpa	Арфа
Banjo	Банджо
Chitarra	Китара
Clarinetto	Кларинет
Fagotto	Фагот
Flauto	Флейта
Gong	Гонг
Mandolino	Мандолина
Marimba	Маримба
Oboe	Обой
Percussione	Ударни
Pianoforte	Пиано
Sassofono	Саксофон
Tamburello	Дайре
Tamburo	Барабан
Tromba	Тромпет
Trombone	Тромбон
Violino	Цигулка
Violoncello	Виолончело

Tecnologia
Технологии

Blog	Блог
Browser	Браузър
Byte	Байтове
Computer	Компютър
Cursore	Курсор
Dati	Данни
Digitale	Цифров
File	Файл
Font	Шрифт
Internet	Интернет
Messaggio	Съобщение
Ricerca	Изследване
Schermo	Екран
Sicurezza	Сигурност
Software	Софтуер
Statistiche	Статистика
Telecamera	Камера
Virtuale	Виртуален
Virus	Вирус

Tempo
Време

Anno	Година
Annuale	Годишен
Calendario	Календар
Decennio	Десетилетие
Dopo	След
Futuro	Бъдеще
Giorno	Ден
Ieri	Вчера
Mattina	Сутрин
Mese	Месец
Mezzogiorno	Обяд
Minuto	Минута
Notte	Нощ
Oggi	Днес
Ora	Час
Orologio	Часовник
Presto	Скоро
Prima	Преди
Secolo	Век
Settimana	Седмица

Tipi di Capelli
Видове Коса

Asciutto	Сух
Bianco	Бял
Biondo	Руса
Breve	Къс
Calvo	Плешив
Grigio	Сив
Intrecciato	Сплетен
Liscio	Гладка
Lucido	Лъскав
Lungo	Дълго
Marrone	Кафяв
Morbido	Мек
Nero	Черен
Ondulato	Вълнообразни
Riccio	Къдрав
Riccioli	Къдрици
Sano	Здрав
Sottile	Тънък
Spessore	Дебел
Trecce	Плитки

Uccelli
Птици

Airone	Чапла
Anatra	Патица
Aquila	Орел
Cicogna	Щъркел
Cigno	Лебед
Cuculo	Кукувица
Falco	Ястреб
Fenicottero	Фламинго
Gabbiano	Чайка
Oca	Гъска
Pappagallo	Папагал
Passero	Врабче
Pavone	Паун
Pellicano	Пеликан
Piccione	Гълъб
Pinguino	Пингвин
Pollo	Пиле
Struzzo	Щраус
Tucano	Тукан
Uovo	Яйце

Universo
Вселената

Asteroide	Астероид
Astronomia	Астрономия
Astronomo	Астроном
Atmosfera	Атмосфера
Buio	Тъмнина
Celeste	Небесен
Cielo	Небе
Cosmico	Космически
Emisfero	Полукълбо
Galassia	Галактика
Latitudine	Ширина
Longitudine	Дължина
Luna	Луна
Orbita	Орбита
Orizzonte	Хоризонт
Solare	Слънчев
Solstizio	Слънцестоене
Telescopio	Телескоп
Visibile	Видим
Zodiaco	Зодиак

Vacanze #2
Почивка #2

Aeroporto	Летище
Campeggio	Къмпинг
Destinazione	Дестинация
Foto	Снимки
Hotel	Хотел
Isola	Остров
Mappa	Карта
Mare	Море
Montagne	Планини
Passaporto	Паспорт
Ristorante	Ресторант
Spiaggia	Плаж
Straniero	Чужденец
Taxi	Такси
Tenda	Палатка
Trasporto	Транспорт
Treno	Влак
Vacanza	Празник
Viaggio	Пътуване
Visto	Виза

Veicoli
Превозни Средства

Aereo	Самолет
Ambulanza	Линейка
Auto	Кола
Autobus	Автобус
Barca	Лодка
Bicicletta	Велосипед
Camion	Камион
Caravan	Каравана
Elicottero	Хеликоптер
Metropolitana	Метро
Motore	Двигател
Pneumatici	Гуми
Razzo	Ракета
Scooter	Скутер
Sottomarino	Подводница
Taxi	Такси
Traghetto	Ферибот
Trattore	Трактор
Treno	Влак
Zattera	Сал

Verdure
Зеленчуци

Aglio	Чесън
Broccolo	Броколи
Carciofo	Артишок
Carota	Морков
Cetriolo	Краставица
Cipolla	Лук
Fungo	Гъба
Insalata	Салата
Melanzana	Патладжан
Patata	Картофи
Pisello	Грах
Pomodoro	Домат
Prezzemolo	Магданоз
Rapa	Ряпа
Ravanello	Репичка
Scalogno	Шалот
Sedano	Целина
Spinaci	Спанак
Zenzero	Джинджифил
Zucca	Тиква

Vestiti
Дрехи

Abito	Рокля
Braccialetto	Гривна
Camicetta	Блуза
Camicia	Риза
Cappello	Шапка
Cappotto	Палто
Cintura	Колан
Collana	Колие
Giacca	Яке
Gonna	Пола
Grembiule	Престилка
Guanti	Ръкавици
Jeans	Дънки
Maglione	Пуловер
Moda	Мода
Pantaloni	Панталони
Pigiama	Пижама
Sandali	Сандали
Scarpa	Обувка
Sciarpa	Шал

Congratulazioni

Ce l'hai fatta!

Speriamo che questo libro vi sia piaciuto tanto quanto a noi è piaciuto concepirlo. Ci sforziamo di creare libri della più alta qualità possibile.
Questa edizione è progettata per fornire un apprendimento intelligente, di qualità e divertente!

Le è piaciuto questo libro?

Una Semplice Richiesta

Questi libri esistono grazie alle recensioni che pubblicate.

Puoi aiutarci lasciando una recensione
ora a questo link ?

BestBooksActivity.com/Recensioni50

SFIDA FINALE!

Sfida n°1

Sei pronto per il tuo gioco gratuito? Li usiamo sempre, ma non sono così facili da trovare - ecco i Sinonimi!
Scrivi 5 parole che hai trovato nei puzzle (n° 21, n° 36, n° 76) e prova a trovare 2 sinonimi per ogni parola.

Scrivi 5 parole del ***Puzzle 21***

Parole	Sinonimo 1	Sinonimo 2

Scrivi 5 parole del ***Puzzle 36***

Parole	Sinonimo 1	Sinonimo 2

Scrivi 5 parole del ***Puzzle 76***

Parole	Sinonimo 1	Sinonimo 2

Sfida n°2

Ora che ti sei riscaldato, scrivi 5 parole che hai trovato nei puzzle n° 9, n° 17 e n° 25 e cerca di trovare 2 contrari per ogni parola. Quanti ne puoi trovare in 20 minuti?

*Scrivi 5 parole del **Puzzle 9***

Parole	Antonimo 1	Antonimo 2

*Scrivi 5 parole del **Puzzle 17***

Parole	Antonimo 1	Antonimo 2

*Scrivi 5 parole del **Puzzle 25***

Parole	Antonimo 1	Antonimo 2

Sfida n°3

Grande! Questa sfida  non è niente per te!

Pronto per la sfida finale? Scegli 10 parole che hai scoperto nei diversi puzzle e scrivile qui sotto.

1.	6.
2.	7.
3.	8.
4.	9.
5.	10.

Ora scrivi un testo pensando a una persona, un animale o un luogo che ti piace.

Puoi usare l'ultima pagina di questo libro come bozza.

La tua composizione:

TACCUINO:

A PRESTO!

Tutta la Squadra

www.ingramcontent.com/pod-product-compliance
Lightning Source LLC
Chambersburg PA
CBHW082043120626
46553CB00011B/3262
9798896705567